侃氏定理 II

作者：祝守文先生
主编：徐衍芬博士

De Fu Publishing

网站：www.defupublishing.com
电邮：info@defupublishing.com

《侃氏定理II》

(Kan's Theorem II)

作者:祝守文

版权所有,翻印必究

繁体版精装书国际书号 (ISBN):

978-1-922680-65-5

简体版精装书国际书号 (ISBN):

978-1-922680-66-2

繁体版平装书国际书号 (ISBN):

978-1-922680-67-9

简体版平装书国际书号 (ISBN):

978-1-922680-68-6

繁体版电子书 EPUB 格式国际书号 (ISBN):

978-1-922680-69-3

简体版电子书 EPUB 格式国际书号 (ISBN):

978-1-922680-70-9

出版: 德福出版社

2024年第1版

《侃氏定理II》承前启后，意蕴深远。此续作不仅延续《侃氏定理》的智慧探索，更进一步拓展其境界。侃，寓意正言不讳，通达幽玄，象征二人心智相映，志趣同驰。本书承载前作精髓，探讨天人合一之理，引领读者深入宇宙，思索生命奥义，探索物我关系。文字如天风海涛般波澜壮阔，又如潺潺溪水般润物无声，读者仿若行于云端，踏于星河，心神俱旷，胸臆自开。此篇不仅为续作，更是智慧的升华，愿读者惜之悟之。

前言

非常感谢德福出版社再次给予我们悉尼老子学院出版《侃氏定理II》的机会。在这片思想的天地中，我们得以继续传承与探索《侃氏定理》的深邃智慧，延展我们对宇宙本源的探讨与思考。《侃氏定理》为我们揭开了宇宙的奥秘，探寻天道与人道的统一，带领读者进入那浩瀚无际的星辰大海。而今，《侃氏定理II》将承接前作的深厚积淀，继续开辟新的智慧天地。

《侃氏定理》一书，奠定了天人合一的哲学基础，以尘菌的生成与天体的形成为起点，描绘了宇宙演化的壮阔画卷。书中提出的侃氏定理，将宇宙的精气神与天地万物的生成紧密相连，展现出一幅包罗万象的宇宙图景。这一思想，不仅是对老子《道德经》中深邃哲理的解读，更是对天地奥秘的大胆探索。书中的每一字句，犹如星辰闪耀在宇宙之中，引领读者在时空的长河中穿梭，探索生命与天地的奥义。

而今，《侃氏定理II》以更加深远的视野，再次踏上探索宇宙本源的旅程。此书不仅承载了前作的哲学精髓，还进一步深入探讨了宇宙生成的根本问题。天体生成，尘菌的存在，暗物质与暗能量的相互作用，三圣的生成与运作，这些都是《侃氏定理II》中核心探讨的内容。在这些内容背后，隐含着一种更加深刻的天人合一理念，揭示了宇宙运行的根本规律，进而为我们展示了一个和谐共生的宏大宇宙观。

《侃氏定理II》不仅是对宇宙奥秘的科学探讨，更是一部关于生命哲学的深思之作。祝守文先生以精湛的笔触，将宇宙万象与人生智慧巧妙融合，使得这部著作不仅具有学术价值，更富有精神启示。书中所述的"天体与尘菌"、"三圣横空出世"、"万有引力与九宫八卦太极"等章节，仿佛引领读者进入一座充满奇迹的知识殿堂。在这里，我们不仅能感受到宇宙中那无穷的力量，更能体悟到其中蕴含的生命哲理与和谐美德。

老子曾言："人法地，地法天，天法道，道法自然。"在这条追寻真理的路上，我们通过侃氏定理的智慧，得以窥见那自然法则的伟大与壮丽。侃氏定理不仅是天体运行的理论，更是生命与自然共鸣的哲理。它让我们意识到，人类的生命与宇宙万象息息相关，只有顺应天地之道，才能获得真正的平衡与和谐。《侃氏定理II》正是这一思想的传承与升华，它不仅是对宇宙生成奥秘的探讨，更是对人生智慧的深刻体悟。

正如《侃氏定理》所展现的那样，尘菌的生成象征着天地万物的起源，而宇宙的运作则暗示着人生的轨迹。天人合一的思想贯穿始终，提醒我们在日常生活中如何与自然相融，与天地共生。这种哲学思想不仅是中华文化的精髓，也是我们每一个人可以从中汲取力量的源泉。

《侃氏定理II》继承了前作的精神，在更加广阔的视野中，为我们呈现了宇宙与生命的宏大蓝图。它让我们看到，无论是宇宙的起源，还是人类的未来，都深藏在那看似遥远、实则息息相关的天地规则之中。愿这本书能继续指引读者，走上那条智慧的光辉大道，在天地之间寻得心灵的宁静与启示，最终与宇宙的伟大力量合而为一。

徐衍芬博士

序言一

祝守文先生，少时即浸润于中医世家，深得中华文化之熏陶，心与老子哲思暗契，毕生钟情《道德经》。此书如明灯常伴其左右，助其在岁月长河中，守静养心，探寻生命真谛。其精神常与老子玄理共鸣，追索智慧之奥，求索真理之光。《道德经》不仅植根于华夏古风，亦为天地宇宙之藏珍。

宇宙之学，究天体之源，探日月星辰之秘，阐地球苍穹之理。此如理性之烛，照彻迷茫，亦如无边思想之海，蕴藏无尽奇妙。祝先生博采神话、物理、哲理诸学，融合贯通，自成一家，构建其独特的宇宙观。

老子之道，犹如大河奔涌，不息滋润华夏大地，提倡天人合一，万物共生。人若顺应此道，则心宁神静，万事通达；若逆之，则阻于荆棘，难以舒展。祝先生所著，乃其多年研悟老子哲学之结晶，若璀璨明珠嵌于中华文化宝库，既展现其对宇宙与生命之深邃见解，亦沟通古今，融贯中西，承载思想精华。

Cheang Khoo 博士

序言二

　　祝守文先生，积年潜心研读老子之道，广思深悟，立志将中华传统文化之精髓播扬于西方，期使西方读者得窥道家奥妙，心生敬仰。其对《道德经》之研究，非仅止于学术之论，更在日常中践行道家顺应自然、仁心济世之精神。此非纯粹为智识所求，实为内心对至道真理之热切追寻。

　　此书乃祝先生多年研修老子哲思之心血凝结，尤注重人与天地之间之长久共存。他阐发《道德经》中简朴自持、谦逊不争、与自然融洽共生之道理，剖析其如何启迪当今之人应对环境之危局。于祝先生之深邃解读中，读者可得识道家智慧如何浸润华夏文化，进而明了其为现代社会困境提供之良方妙策。

　　祝守文之著作，不独传承老子亘古之哲理，亦引导世人省思个体与自然之玄妙联系，启示我们于纷繁世事中，如何追求简约、平衡与和谐，得天地共济之道，行人生之坦途。

Keri Spooner 博士

序言三

余有幸得睹斯书于问世之前，心中激荡，深感启迪。祝守文先生以简约明晰之笔，剖析宇宙起源之纷繁玄妙，独具慧眼，提出"母爱"之大观。其谓母爱为万物之本，生命之始，亦为社会之光辉环绕。以此为镜，祝先生喻宇宙为孕育众生之母体，展现其对生命本质之深刻洞察。

祝先生尤重人类和合之道，倡言人与自然当共融共生，以臻可持续之昌盛。此言高瞻远瞩，为当今全球挑战之际，开出宝贵良方，呼吁四海共建繁荣太平之世。

尤堪称道者，祝先生融合现代科技与古法养生之道，描绘出提升人类康寿之宏图。其远见卓识，既助人明悟宇宙之运转，亦为未来社会和谐发展点燃明灯。余深盼先生续洒智慧之光，为世人再启深邃哲思，赐予更多启迪。

Swapan Paul 博士、生态学家、环境科学家

序 言 四

斯书雅致之笔，融汇东方千年智慧与当代科学思维，深究长寿与母爱之源流，贯穿古今，通达天地。其以老子哲学为根基，兼纳印度哲人商羯罗（Adi Sankara）之宏大智慧，展现出横跨时空的生命玄思，启人神往。

商羯罗有言，欲窥真理，须凭经典、理性与亲身之悟，祝守文先生恰循此道。其不仅从《道德经》中汲取灵光，还以自身三度战胜沉疴的经历，将生命与和谐之真谛阐发得淋漓尽致。

书中，祝先生探讨阴阳和谐之道，宇宙能量之脉络，纵论自宇宙初劫大爆炸，至地球万物交织共生之微妙平衡，尽显天地万象之和谐精妙。其对母爱之虔诚礼赞，正与老子之自然大道暗合，亦与商羯罗所述神圣之爱遥相呼应。此书为读者指引一条通往现代社会和谐与可持续发展的光明大道，彰显古老哲理之光辉再度洒耀于今世。

Sai K Lakkaraju 博士

序言五

  自古迄今，宇宙之秘，恒为哲人冥思所萦。祝守文先生妙著，博采天体之慧，融会老子玄妙之道，深探长寿与和谐之契合。其言，遵循老子之道，敬重华夏古理，方能臻至人与神圣力量之和鸣共振，天人一体之境。

  祝先生精辟发明宇宙两极之说，揭物质化生与引力均衡之奥理。其谓，人类因弃本逐欲，背离纯善，遂致生命短促。欲复康寿长生，需回溯母爱本源，重拾胎息古法，重续人与精神、能量及生命本质之微妙联系。

  祝先生倡导身心俱养，力主万物和谐，与自然共栖，共造顺应天道之健康之基。其宏愿乃在构建一片心灵与气息相通，万物与人共生之天地，启人类步向长寿福乐之坦途。

Kristina Shead
Principal of WIN College

目录

纲领卷

引子 …………………………………………… 1
第一篇 尘菌之力与宇宙生成 ………………… 2
第二篇 三阳开泰与宇宙平衡 ………………… 4
第三篇 造物主对宇宙的伟大创造 …………… 5
第四篇 九州布局与天地秩序的演化 ………… 7
第五篇 上下五千年：文明演变与时空循环 … 9
第六篇 尘封的上古文明与新的秩序 ………… 10
第七篇 天道数理：从混沌到和谐 …………… 11
第八篇 上帝疏通天体 ………………………… 12
第九篇 恒星的宇宙定位与天体运转 ………… 15
第十篇 太和系的宇宙构建与天地互动 ……… 17
第十一篇 人类起源：上帝的创造与神圣计划 … 19
第十二篇 神仙传承与九州文化演变 ………… 21
第十三篇 神退人兴：天人交替的智慧传承 … 24
第十四篇 九州时代的地理与文化演变 ……… 26

第十五篇 神山之谜：灵山与七彩祥云的启示……28
第十六篇 天道数字与宇宙法则……………………29
第十七篇 在天成像，在地成点……………………36
第十八篇 上帝在地球设下三十六处网点………41

拓展卷

引子………………………………………………51
第一篇 尘菌之力与宇宙生成………………53
第一节
单细尘菌的生成，是天体的生成………………56
第二节
双细尘菌的合成，是阴阳的功成………………57
第三节
暗物质的长成，是无极的铸成…………………58
第四节
暗能量的形成，是时间与空间的天成…………60

第二篇 三阳开泰与宇宙平衡 ······ 63

第一节
三圣的南征北战与共识达成······ 64

第二节
精气神的神圣融合与无极之功······ 65

第三节
阴阳太极的黑白双眼······ 66

第四节
精气神体的净化与升华······ 67

第五节
至尊上帝的诞生与宇宙的和谐统一······ 68

第三篇 造物主对宇宙的伟大创造 ······ 71

第一节
造物主对宇宙的伟大创造······ 72

第二节
太和系的构建与宇宙秩序······ 73

第三节
宇宙的宏伟平衡：四柱九层与星体和谐······ 75

第四节
女娲造人与万物初成······ 76

第五节
天人合一与人类的神圣诞生······ 77

第四篇 九州布局与天地秩序的演化 ········· 81
第一节
天门对联：通天启地，生门气场 ········ 82
第二节
九州的神圣布局 ················ 83
第三节
神仙后裔：早期人类文明的起源 ········· 84

第五篇 上下五千年：文明演变与时空循环 ····· 87
第一节
天道与地道的时间差异 ············· 88
第二节
神仙入世：资源争夺与天地混乱 ········· 89

第六篇 尘封的上古文明与新的秩序 ········· 93
第一节 恢复宇宙秩序 ················ 94
第二节 上古文明的遗迹与消逝 ············ 95
第三节 名利虚幻与生命无常 ············· 96

第七篇 天道数理：从混沌到和谐 ·········· 99
第一节 混沌之态谓唯一 ··············· 100
第二节 随分阴阳谓为二 ··············· 101
第三节 产生合气谓为三 ··············· 102

第八篇 上帝疏通天体 ………… 105
第一节 上帝疏通天体的伟大战略 ………… 106
第二节 质圣、量圣与光圣的宇宙修复之道 … 107
第三节 上帝通天体之五行五回图 ………… 108
第四节 开寰扩宇,疏通天体 ………… 110
第五节 三路大军,稳固天体 ………… 112
第六节 太极旋转,稳固天体 ………… 113

第九篇 恒星的宇宙定位与天体运转 ………… 117
第一节 太合创生,探索天机 ………… 118
第二节 九五之尊,万星拱卫 ………… 120
第三节 精气神聚,七色构宇 ………… 122
第四节 天体守护,生命延续 ………… 123

第十篇 太和系的宇宙构建与天地互动 ………… 127
第一节 三大主星的本源与转换之道 ………… 128
第二节 三大主星的相互沟通与和谐互动 ………… 129
第三节 月亮的引力与净化功能的宇宙作用 … 130
第四节 地球与月亮的网络联动与生态平衡 … 131
第五节 三圣的天人合一与万物生长 ………… 132
第六节 360颗星球的宇宙指引与多功能辅助 133

第十一篇 人类起源：上帝的创造与神圣计划 …… 135
第一节 再造人类，天人合一 ………… 136
第二节 天道相连，孕育新生 ………… 139
第三节 电荷植入，阴阳调和 ………… 140

第十二篇 神仙与人类：政通人和的传承 ………… 145
第一节 神仙归位，人类再生 ………… 146
第二节 上九州传道，神仙引导 ………… 148
第三节 仙凡共存，繁衍人族 ………… 149
第四节 上九州文化与神仙传承 ………… 151
第五节 封神易位，传承新纪 ………… 153

第十三篇 神退人兴：天人交替的智慧传承 ……… 157
第一节 诸神退位，智慧隐山 ………… 158
第二节 灵山五大学府 ………… 159

第十四篇 九州时代的地理与文化演变 ………… 163
第一节 南北易位 ………… 164
第二节 封神归隐 ………… 166

第十五篇 神山之谜：灵山与七彩祥云的启示 …… 169
第一节 东土真经 ………………………………… 171
第二节 七彩祥云的启示 ………………………… 172

第十六篇 天道数字与宇宙法则 ………………… 175
第一节 天道数字文化 …………………………… 176
第二节 天道数字奥秘 …………………………… 178
第三节 天道数字定律 …………………………… 182
第四节 数字的永恒启示：新纪元的开端 …… 184
第五节 老子的宇宙观 …………………………… 185
第六节 上帝的创造与天人合一的永恒法则 … 186

第十七篇 在天成像，在地成点 ………………… 189
第一节 天道法网，周密无漏 …………………… 190
第二节 宇宙净化，四象循环 …………………… 192
第三节 天网守护 ………………………………… 193
第四节 三疆网络 ………………………………… 194
第五节 阴阳和谐 ………………………………… 196

第十八篇 上帝在地球设下三十六处网点 ………… 199

第一节 天网乾坤 …………………………… 200

第二节 天地互联 …………………………… 201

第三节 三疆石与三女峰 …………………… 202

第四节 蓝山圣境 …………………………… 206

第五节 四象天网 …………………………… 209

第六节 神仙文化与天道传承 ……………… 211

结束语 …………………………………………… 214

后记 ……………………………………………… 216

引　子

天道酬善，忠孝礼义，圣魂导引，侃氏定理。

子曰：学而实习之，不亦悦乎？

温故而知新，可以为师矣。

子曰：学而不思则罔，

思而不学则殆。

第一篇 尘菌之力与宇宙生成

单细尘菌的生成，是天体的生成，
双细尘菌的合成，是阴阳的功成，
暗物质的长成，是无极的铸成，
暗能量的形成，是时空与时间的天成。

有诗为证：
尘菌布满太空，只等天体松动，
时来运转多磨，惊现烟火星空，
混元功法最大，适用海角天涯，
乾坤造就双细，环宇始现芳华。

生命体，斗环宇，时空现，布天涯，
精气神，三圣发，无量体，帝最大。

亿万年的静默，使长无，长空，长静，衍化成了长生长长。

从单细的长满，到天体的松动，从天体的大爆炸，到形成无级，从集结产生了星际，从冷热产生了太极。从风到雨，从光到质，从量的兹生，到暗物质的筑成，暗能量的扩散，经历亿万年的静默，瞬间就犹如亿万条巨龙，由如图滕似的在大宇宙中奔流翻滚，成长扩散，阴阳衍双细，万物从此生，以太虚，太和，太极，太阴的逐渐增强扩大，尽使太空凝聚了三股强大的势力，群星定位，三阳开泰。

第二篇 三阳开泰与宇宙平衡

长时间的南征北战，三圣各领一支坚韧不拔，百炼成钢的队伍，经过三方和谈，必须合为一股，能担当宇宙重任。和谈过后，三圣各显神通，把三股精气神合为一股，通往一处，形成无极之功，转而为阴阳太极，形成黑白双眼，黑眼为引力眼，白眼为能量眼，将复归婴儿的精气神体，一层一层，随着黑眼创造的净化之道，一维一度往上提升，将三十三天以内通过旋转，吸引混沌向上升起，白眼为能量眼，将复归婴儿的精气神体，一层一层，随着黑眼创造的进化之道，推升至三十三天，也就是上九天之天顶台，通过混元功法的造化，和时空，时间的流年，升到天顶台的英俊少年，已成为至尊至极，雄才伟略，英俊宏伟，挺拔壮观的一体上帝。

第三篇 造物主对宇宙的伟大创造

1、上帝环顾整个天体，用意念发出各种波段，招集天体中的各路诸侯，来共同打造乾坤社稷。天道上帝最大，恒定上帝就是造物主。

2、造物主打造太和系，术称构思，先打造十大星球，合成九五之尊，以太阳，月亮，地球为核心，木、火、土、金、水、海、天，共十颗主体星球，以四柱九层为经度纬度，五行为网络，网络为万通，形成无极，转太极的天体九宫八卦太极图，实为天体和谐，路路疏通，恒古运转，经天纬地之蓝图。

3、上帝把四柱九层定为360颗行星，与亿万繁星共同运转在天体轨道之中，正谓之：永恒天体，朗朗乾坤，和谐宇宙，与光同尘。

4、上帝天人合一造人，第二次三阳开泰。

上帝让女娲娘娘到地球气场处，布网接收，命地藏王，在地球建六地标，作为分化点的标志，再建二十八座宿营地，由月球撒下，万物种子，在朝阳初起，和风细雨，时空并进，光和胎气，物种初成。女娲娘娘带领九天玄女接收后，分理各物种，人类有三宵娘娘，即云霄，碧霄，琼霄来培育。万物种由女娲娘娘洒满环球大地，江河湖泊，高山平地。

5、三霄娘娘日理万机，让仙人胚胎进入胎盘，也就是将地气和月精进行阴阳调合，在光的光合的作用下，仙人从此诞生。他们都有神奇的长相，也拥有神奇的功能，这就是第一代仙人，叫天人合一，也是七窍开，婴儿出，混沌死，羊水破，出胎盘。婴儿，羊水，胎盘，为三阳开泰，经过三年，仙人诞生。

第四篇 九州布局与天地秩序的演化

1、上帝在划分九州区域后，在南天门写好一副对联，横批是4个多音字的长，左联是7个多音字的长，右联也是7个多音字的长，定此门为天门，即南天门，也是通天门，即上为天门，下为地户，以下边没有长字为依据，是进入天门的生门，是气场。

上九州图

南天门＝通天门

西南州-4	南-9	东南州-2
西-3	中州-5	东-7
西北州-8	北-1	东北州-6

2、上帝又把天上的神星，灵体分布在地球九州，每州建二十八宿营地，分三院治理，九州也为三省，中州为集权所在之地。

3、九州分布图，为中州，南须部洲，东圣神州，西牛贺州，北部州，东南部州，东北部州，西南部州西北部州，共九州那时叫上古人类也是神仙世界，用天人合一术算法，电波操纵，网络控制。由三霄娘娘主宰造出第2代人都有异曲同工效果，他们开创地球人的先驱。

自从三阳开泰神仙继位，在地球待过的都属远古人类，史称为神仙下凡。

第五篇
上下五千年：文明演变与时空循环

　　1、上下五千年，实属上下串，为万年，本是天道年，不属地道年，那时的一天，后来是地球的万年，天上的万年，地球的三亿六千万年，说长不长，说短不短。

　　2、本来都是神仙，神星却没有物产，只好借助地球，进行天量生产。发展设备更新，物产需要互换，物流扩需，黄金，玉石还要钻山，神仙无所不能，时常入地翻天，看谁本事最大，行者也可上天，卷廉道可通天。

　　神仙界，地球放满设备，九州蔬果堆成山，百类鸟兽珍味，海鲜长满千山，天体摇动，海水倒灌，神仙们有使不尽的手段。天道已被搅烂，必须重新教化，才能改换九天。

第六篇 尘封的上古文明与新的秩序

上帝尘封神仙界！

上帝与十大主体星球沟通过后，先让神仙归位，命三圣用尘菌，酸雨进行尘封，原子弹失去功能，机器人成为泡影。

利器变成废铁，堆满天山，上帝使用混元一世功法，进行地壳变迁。高现昆仑绝顶，低现百慕深渊。地壳变迁，洪水倒灌，找不到原有的，翻天覆地，看不见旧时的地复翻天。只找到深山里的船坞，还有那六地标不知是否变迁，这就是上古人类的蛛丝马迹，让人类也不知道上古人类是怎样发展，怎样变迁，史为尘封。

真的是：浮生着甚苦奔忙，盛席华筵终散场，悲世千般同幻论，古今一梦尽荒唐。

确实是，有争名争利之徒，无爱命惜身之士。

第七篇 天道数理：从混沌到和谐

1、混沌之态谓唯一。混沌为三期，第1期为天体混沌，第2期为地体混沌，第3期为人体混沌，此为天地人，也为天人合一。

2、随分阴阳谓为二，此乃道生一，道是无极，天道，数理，术数等等。一生二，为无极生太极，太极生两仪，即阴阳，黑白，正负，等等等等。

3、产生合气谓为三，为万物负阴而抱阳，冲气以为合，阴是质圣，阳是光圣，气是量圣。此为精气神，月亮，太阳，地球，天人合一。此为三阳开泰，恒定数理。

第八篇 上帝疏通天体

1、上帝决定以三阳开泰，法则为疏通天体的总方针，总路线，以三圣率领三路军，疏通天体，建立一劳永逸的新宇宙。尘封时天崩地裂，海水倒灌，地壳变迁，导致北变南，上变下，神星多处受袭，天体不断倾斜，上帝经过重新与各路神星集结，决定疏通一个永固的天体，划好了经度纬度，又使用九阳真经，意如三圣领导，分体三路大军，每路120位神星，又分先锋后卫，上帝坐镇中军，随时调整网络。

2、质圣是开路先锋，处处洒满真精，全为补天之用，量圣疏通各路经纬，进行扩建调合，光圣电波检测，网络彻底疏通。

3、上帝通天体，五行五回图。

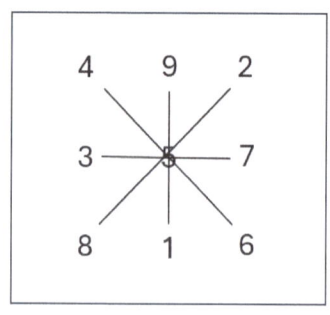

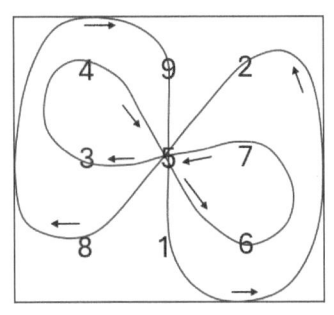

这是
五行五回的轨道，
星球运转的天体，
九宫八卦的真蒂，
天人合一的数理，
经度纬度的划分，
脉络经络的通顺，
宇宙稳固的基业，
精气神生的本源。

4、开寰扩宇，行纬通经，固天稳宙，实施天道。五是生门，是无极，三路大军从五生门起，行无极路线，走一起始，行二太极，转回生门，探访三才，回见四正，汇报中军，六爻定律，时探七星，斗转星移，术定八卦，众行九宫，峰回路转，混元一世。

　　5、上帝指挥三路大军，通五行，经万亿，全方位稳固了太和界，用五行无极意念，扩展数术，将三百六十颗主体星球，按四柱九层法则，全方位加以亿万繁星，分别安排天体各部落，以太阳，月亮，地球，木星，火星，土星，金星，水星，海王星，天王星，十大恒星，行九宫八卦太极之数术。

　　6、以阴阳太极转无极，进行光谱电波放射，使整个天体形成了一个交织经纬网络，畅通无比，天体稳固度，只有一万，没有万一。

第九篇 恒星的宇宙定位与天体运转

1、上帝造太合系，主要是建起了一个有万物生长，让人类愉快的生活。

2、上帝造星球，上帝是造物主，上帝造九五之尊是重中之重，另360颗神星，也颇有含意。他们是服从于九五之尊的，也就是含有这十颗星球体的上帝。

3、上帝体内含有精气神和七色祥云，精气神是三圣，七色祥云是木，火，土，金，水，海，天，是上帝的经络脉络和天体的经天纬地之图，360颗定位星球，是经络脉络九宫八卦之数的，在躯体中的穴位图。

4、上帝给月亮，地球，太阳和七星制定法律，一切都是为了地球上的活体。可知地球人类和万物在上帝心中是重中之重。上帝让木星和火星撒下一道网，防止外太空陨石的坠落的袭击，让月亮完成第二道防护网，如果有星球袭来，太阳直接用电波和网络通知地球和月球，由月球的观音菩萨和玄武大帝共同配合，由从地球与月亮的前方来袭，观音菩萨施法为抛物引力波之法，从地球前方用月球的能量抬起从地球上空抛向月球的后方，有玄武大帝统统接收，月亮前面对待地球的一面是能量面，月球的背面为引力面，由月球背部的玄武大帝吸引地球大气层中对人类不友好的空气，和对大海的朝起朝落，保持地球和月亮的永恒稳固对接,对地球起净化作用。最主要的一点，上帝让观音菩萨不断的收取人类的和兽类的灵魂，主掌人类的生死簿。净化后的灵魂通过再教育，可以再回首以百年身。太阳永远对地球发光放电，光和地球的万物的光电产业都是上帝对人类的恩赐。

第十篇 太和系的宇宙构建与天地互动

1、在太和系的太和，太极与太阴球，上帝将太合球的光子转化成光圣，称太阳，将太极球的量子和气场转化成量圣，称地球，将太阴球的质子，精种发射器，转化成质圣，称月亮。

2、太阳用光波网络，地球用气场网络，月亮用精经网络互相之间进行网络沟通，进行互动，太阳光圣是调和，月亮与地球的互动是互敬互爱，互相牵引，互相配合。

3、月亮含的物质是强力引力波和净化万物种的春风化雨，稀解网络，净化器，即上帝用净化太和磁超声波，安置在月亮上的各种功能和地球互动。

4、地球是上帝安置在地球上的36个网点和月球与360颗主体星球进行互动，地球需要的万物种，由月亮以月光形势的超力，太合磁网络，超声波段，向地球气场和网点进行发放各种地球需要的净化气体和万物种，月亮的笑脸永远对着地球，净化场永远都在地球背面，面对地球的是救苦救难，大慈大悲的观世音菩萨，背后默默献出，造福人类的，挺起脊梁的接受外星打击的永远都是玄武大帝，同时玄武大帝又经过千般运作和打磨，打击月亮的各种顽石和引力波接收的活体灵魂，净化加工后，交给观音菩萨，经观音菩萨再教化，用网络发给地球需要的各网点。

5、太阳，地球，月亮，是光圣，量圣，质圣,三圣的互动,造就了地球的万物生长，天道，地道，人道的天人合一。

6、360颗星球，主要对地球进行各种指导和多功能辅助。

第十一篇
人类起源：上帝的创造与神圣计划

1、上帝决定精心造人类，天人合一，第一代人类是仙人，上帝造仙人类是由三霄娘娘即三圣母，让月亮（观音菩萨），向地球撒满了万物精种和物种。在早晨的地平线的蒸汽进入包衣内，通过太阳光照射进行光合，精气通过调和，十二个月形成龙骨，即图腾，这时叫胎胚，开始复归婴儿，三年时间仙人即先知诞生，三圣母视如己出，各自拥有120对先知，共360对。

2、上帝让三圣母交给仙人婚配和生育之法，第2代人类是先知所生，怀胎十月，合十颗主体星球，一星一个月，轮流供给各自的神灵，婴儿十月期满出生。

3、上帝让三圣母把婴儿体内，植入三个正电荷和七个负电荷，都含有九五之尊的分子，男孩十个电荷分别是精气神，为主体电核，忠孝仁义礼智信为负电荷。女孩十个电荷是精气神，喜怒哀乐惊恐忧。

男孩9岁以前为阴,10岁以后为阳。女孩9岁以前为阳,10岁以后为阴。上帝第2次打造人类,是经过天体数术法,进行人体内网络部署。除十个电核,还有360个神精调和处,和上亿分网,经络脉络,神经和末梢神经,尘封前人类没有文字,只有数字和图腾。第2代人类,上帝给予先知的提示。是天道文化的河图与洛书,文字的开始。上帝让人类,天道贯环宇,学识永承继,仁爱筑和谐,筋脉通圣体。

第十二篇 神仙传承与九州文化演变

1、远古人类是三圣母所造，都是仙人，那时上帝为了造人类，真是费尽了心血来打造，第一代神仙界已被尘封。神仙归位，经过上帝派三圣对神的教化，在第二次打造远古人类时，先让神到地球熟悉情况，当三圣母把先知即仙人养大成青少年，神就和仙一起生活进行传帮带。当先知们又结婚生子，成为真正的人类，在地球上建立起永久家园，实际神仙在地球生活了360万年。那时是数字文化，和甲骨文与象形字，和壁画，史称天干地支。

2、上帝划分九州，姜子牙封神前，称上九州，上九州分布图为上南下北，上九州就是神仙界，南是南天门，也叫通天门，神仙是上帝让神仙到地球，传帮带的，让地球成为永生永世自生自长的纯种地球人，上九州含有大宇宙，在地球生活区主要在中州，西州，东州，南州。

3、那时的神与仙都有通天的本事，他们的长相都各自不同，有人面兽身的，也有蛇身，属相的奇形怪状都由自己创造。

第一代人类是三圣母造人，为三年，这是远古时期的怀胎，如哪吒，是仙人。

第二代三圣母教给仙人婚配之法，所生人类为怀胎十月，并每人体内电荷分别为十颗不变，各经络，脉络基本相同，只是和仙人基因不同，从那时起，人类和神仙开始分辨清楚了。仙人学神功一点即成，是上帝允许的。还有一些学术数法的，没学功法和太公一起做了隐士。

4、中周也就是人们所说的周朝，那时是上九州文化，也是宇宙与全地球文化，是神仙文化，是现今世界整体文化。

上九州分布图

4 西南	9 南	东南 2
3 西	5 中	东 7
8 西北	1 北	东北 6

此图上边是南，下边是北，左边是西，右边是东，以此类推。上九州神仙纪为三百六十万年，是神传仙。

5、仙传人，是下九州，南是通天门。封神后为南变北，昆仑山通天。姜子牙封神，是受上帝的委托，姜子牙是女娲娘娘造人时的第一代仙人，精通的是数术之法，上九州是神仙记，是上帝让神仙到地球上传帮带时期，纯人类长成，上帝让姜子牙在岗仁波齐封神，属昆仑山之源，那时称灵山，是下九州文化，南变北，北变南。

下九州分布图

4 西北	9 北	东北 2
3 西	5 中	东 7
8 西南	1 南	东南 6

第十三篇
神退人兴：天人交替的智慧传承

　　1、姜子牙在灵山封神的两句话是太公在此，诸神退位，这时的天上主星和学功法的仙人，回归天体归位主星和耀眼的繁星，从此不与人类交往。地球人由学术的仙人传播各种数术文化，超社会发展的物件，神仙把他们埋在了山底，也就是暗山即金字塔和地下。

　　2、仙人在灵山开办了各种学府，最为流传至今的是文化学府，术数学府，治国学府，理政学府和兵法学府。

　　3、那时的学员是从九州各地来的，后来学成后回到原住民生长地，也都学到了一些仙术，回去的地方都有岩画，作为记载，每个族群都有先知传经诵道，那时叫取经，也就是取回文化真经，最为典型的一段佳话，是孔老二访问如来佛，话说孔老二率领弟子三千到灵山访问如来佛，见后佛说，夫子你风尘朴朴，来我西天，是为何事？夫子说，都说你是天上圣人，我是地上圣人，我想和你在认字上一较高低。佛说，好吧，你认错了咋办？夫子说我认错了，让你弹脑嘣，你认错了我弹你，夫子说那好我先出字，你先猜，佛说，好吧。夫子出了个重字。佛说这个念重，夫子说你念错了，出字才念重，你想两山加一起不念重吗？重字才念出，我千里出门来会你，当然重字才念出了。佛说那好吧，你先弹。夫子卯足了劲，在佛脑门重重地弹了一下，把佛脑门弹了一个大红豆，佛说，好你个孔老二，等我弹你时不把你脑壳弹爆了，才解我心头之气。佛想好后再写了一个射字，夫子说，这字儿念射，佛说你读错了，这字念矮，像你一寸来高的身子，只能念矮，矮字才念射，矢代表箭，委代表出去，箭出去才念射。我来弹你脑壳，佛说完。双眼一闭卯足了12分力气，憋了足足5分钟，心想这下让你尝尝厉害，佛光顾卯劲儿还没睁眼，夫子一看，大事不好，风紧扯呼大袖一甩，带领弟子三千，一溜烟儿的跑出五百里之外，临走时还没忘拍了一张佛照，红豆脑门流传至今。

第十四篇 九州时代的地理与文化演变

上九州的9是南部州,也是南天门,5是中部州,一是北部州,姜子牙在岗仁波齐封神,是北变南,南天门关闭,从此神仙不和人类交往。

下九州分布图

4 西北	9 北	东北 2
3 西	5 中	东 7
8 西南	1 南	东南 6

岗仁波齐在中州西北,是昆仑绝顶之所在地,也是神仙对话的地方,更是太公在此,诸神退位。

神仙归位，太公和一些学术数的仙人隐居的地方。也是传授各种学识的地方，世界各处先知在中州时都来到冈仁波齐，学习各种知识的地方，这时称为下九州，那时在昆仑山发源地开有几十家学府，这是仙和人类共处的中生代，是人类向仙求学取回真经的真谛。

那时的佛教，基督教，伊斯兰教，东正教，藏教，儒，法，墨，道，诸子百家的先知，纷纷从世界各地来灵山取真经，后来形成各自流派，也就是各民族文化。

第十五篇
神山之谜:灵山与七彩祥云的启示

　　因中州离最近,取经的人多,所以回到东土建东周列国,因为东土人取回的真经文化分一百零八路神仙文化,信得神多,建的庙多,属多元文化,和包容文化,与民族文化信中庸,延传至今近万年,世界各地传下的文化基本都是神仙文化,传下书字文化,离灵山近的取回真经后建立书院,传下的年限不等。

　　史记根据先知记载。人类是上帝的子民,是三圣的传人,上帝用天上的七彩祥云告诉人类,七色祥云是属于七大洲人类的,是人类的付电核,人类生出就有精气神三圣给予的主电核,上帝随时给人类显现七彩祥云付电核是提示人类要和谐,要健康,要长寿,要有彩色生辉。

第十六篇 天道数字与宇宙法则

一、天道数字文化

1、数字文化是天道文化，是上帝传给人类的数字，称天道文化。

2、华夏数字，天干和地支代表华夏文化，142857×1等于142857五字为甲，是生门，一格是60年，2024年是甲辰年，是起始360年，称新纪元。

3、华夏数字是分天干和地支，142857，是上帝安排的天道文化，天干是天道文化，地支是地道文化，阿拉伯数字是天道文化。

4、解释天道文化，必须用地道文化配合。

5、天道甲地道辰是阴阳结合，得出的答案是正确答案。

6、后室文化，是霍达溶合之义，也有后史，以数字配合地支，五是生门，是起始，是甲，2024是辰，甲加辰为甲辰年，是生门，是启始，是天干中的甲，辰是地支中的辰。

27是混沌，其中2是阴阳，太极球，是地球，是鸿蒙；7是七大州，七窍，是人类。

x9最后一个数字是3，x8最后个数是6，三是三阳开泰，精气神，太阳，地球，月亮是人类生命本源，是人道年的天道。

6是地标，是天之角，是地道，是6方和。7是人类，x7是6个9，9是帝王，前7有9，142857乘7是6个9，6方神圣，X8，X9有3与6，从3往上是6，到9字，上边空格是上帝引导，为天道一杠，是天道，是上帝引导。

三阳开泰，六方和谈，人类永存，从下多出一格往上数只有3，6，是天道年，上帝是引导三阳开泰，这是上帝给人类的导航。

二、天道数字奥秘

		子	丑	寅	卯	甲辰	巳		
		27	27	27	27	27	27		
X1	=	1	4	2	8	5	7	27	午
X2	=	2	8	5	7	1	4	27	未
X3	=	4	2	8	5	7	1	27	申
X4	=	5	7	1	4	2	8	27	酉
X5	=	7	1	4	2	8	5	27	戌
X6	=	8	5	7	1	4	2	27	亥
X7	=	9	9	9	9	9	9	--	天道
X8	=	1	4	2	8	5	6		
X9	=	1	2	8	5	7	1	3	

综上所述：

1、数字文化是天道文化。

2、天道文化是上帝制定的。

3、人类解释天道文化，要用地道文化来解释，是人道法则。

三、上帝让上古人类把数字放在埃及金字塔中，是给人类的启示是新纪元文化的起始。

四、霍金和达尔文将埃及金字塔中的142857，经过种种推算定为后室文化。

五、老子的宇宙观

1、混沌之态谓为一，随分阴阳谓为二，产生合气谓为三。

2、人法地，地法天，天法道，道法自然。

3、万物负阴而抱阳，冲气以为和。

六、留给现代人类的142857是上帝定律：

定律一，乘法和加法，正能量，是天道年。

乘法得出结论，共36个数字，每横格6个数字，相加为27。每竖格6个数字相加也为27，共12个27。

1个27是地道年，12个27是12地支.
2代表混沌，阴阳，代表地球。
7代表鸿蒙，代表地球人，
27是上帝指定的数字中的地球与地球人的代表数字。

七、天道数理：纪元循环与三阳开泰的象征

这里×9最后边7位数字一位数字是3，

代表三阳开泰，代表人道。

×8后边7位数字后边的为6，代表天之角，六爻，代表地球人的六方和谈，代表地道。

×7后面是6位数字，为6个9，这6个9是天之骄子，六方地球的天之骄子。

×8×9显示为7位数字，3和6上边为空格，为上帝导引，是一道，即天道。

36格横为6格，竖为6格，乘后均有142857数字显示为天道巡回。

5是天道数字，地支文化的起始是生门，5上边的地支数字为辰。

5是天干数字的甲，是生门，是无极。

2024年为甲辰年，是天道年的起始，是新纪元。

从上行下，是6格，每格为一甲共6甲。

一甲为60年，6甲共360年，合天道360颗主体星球。

360年为一个纪元，天道年是利他的新纪元，是健康长寿的新纪元。

八、上帝造物与人类发展的天道法则

1、上帝是大宇宙的造物主，世间万物都是上帝所造。

2、上帝造人经过几次波折，反复试验，最后造就了完全纯种地球人，才将神仙归位，与天地永存。

3、上帝造人时规定了人类的肤色，地域，语言，文化，种族，上帝让整个天体对人类用各种不同的天道文化对人类加以指引，如海市蜃楼，八部天龙，七色祥云，天道数字，等等，都是导引人类，人类不能够只有单极文化，有阴有阳的文化，才能交替上升，和谐发展。

4、终其所述，阴阳是交替上升的，社会发展的推动力。

5、和谐是社会发展的原动力。

6、天人合一才是人类的永恒定律。

九、天道密码：宇宙法则与人类和谐新纪元

1、世间的一切事物，躲不过黑白，利不过阴阳，合不过三圣，爱不过上帝。

2、术数是沟通天地人的密码。

3、九宫八卦是上帝定律的天人合一的

术数。

4、霍金和达尔文称142857是后室文化，但以理的推断论，也是在这个时期，是人类和谐新纪元，是人类健康发展的新纪元。

5、尘菌布满太空，只等天体松动，时来运转多磨，惊现烟火星空。混元功法最大，适用海角天涯，乾坤造就双细，环宇始现芳华。

造物主已为人类铺好了康庄大道，只有勇往直前，才会使人类健康长寿，和谐发展，自信人生三百年，会当水击八万里。

6、农村将成为养生增寿的首选之地。

第十七篇 在天成像，在地成点

　　上帝在天体中，布下的图像是太合，太极，太阴和太虚，太阳光是永恒的，太虚是三圣运作，太极和太阴是，地球和月亮的互动，使整个天体形成一个互联网络，这就是道德经所说的天网恢恢，疏而不漏。

　　地球以上5千米为气场，5千米以上为气层，在月亮的引力波和能量波与地球的引力波和能量波进行互动时，将地球万物种散发和各种废气在大气层中都进行了净化，最重要一点是净化灵魂，输送各种物种的精体。四像的巡回运做为人类的健康，长寿，和谐美满，带来了原生态的物种和本命源神。

　　上帝又在地球与月亮的轨道上，布下天网，就是月亮围绕地球转的轨道，称天网恢恢，疏而不漏，是阻击其它小行星对地球的偷袭，造成对人类的伤害，同时也为月亮与地球的互动。

　　月亮与地球的引力波和能量波的互动，

永远为永恒互动。从地球以上5千米是地球气场，5千米以上为气层，相互之间的互动是阴与阳的天道轮回。地球上的各种病毒和污气，和各种灵魂，在地球的气场能量波的推送与月亮的引力波对接，在大气层中一点点的都被吸收，净化，天道是三点成一线的巡徊为人类提供各种有利的物质，对原生态提供补充作用。

1、图腾是天人合一。

2、天上有八部天龙图腾。

3、地图地球仪，是龙腾虎跃的天象。

4、人在胎盘初成的图腾是龙骨。

5、天疆有黑白双眼。

6、海疆有引力眼和能量眼。

7、地疆有36点，有三柱峰的上帝旨意点，合天体中的360颗主星。

8、天像地点，海点，都由上帝安排，三圣用网络和意念进行互动，为整个大宇宙的健康运转特定的像与点。

9、道德经所说，天网恢恢，疏而不漏。

10、天网，地网和海网，总称天疆，地疆和海疆。

11、三疆网络对接，都是起稳定天体，清洁空气，净化海水，和月网（即天网）和地球，地网海网的对接，地球的浊气，海水的浊物，浊气都在能量网和引力网的互动中得到清洁。

最主要是灵魂网络对接，月亮网负责对地球人类和精灵类的收魂和再教化，对教化好的灵魂在以精体形式发放到人类与精灵类。

因为上帝是造物主，世间一切都是上帝所造，上帝只有一个就是造物主，一天一地一造物主，这也是一。上帝是隐，是引导合谈，人类不能毁灭人类。

混沌之态谓为一，
随分阴阳谓为二，
产生合气谓为三。

人法地，地法天，天法道，道法自然。

万物负阴而抱阳，冲气以为和，人类不能够单极文化，有阴有阳的文化才能和谐发展。

单细胞行成不了万物,大爆炸产生阴阳,产生万物负阴而抱阳,冲气以为和。

世间一切都以三阳开泰为启始,为本命元神。

142857是上帝让人类懂得,人类是上帝的子民,是三圣的传人,上帝是造物主,是一天一地一上帝。

普天之下,只有一个上帝,上帝不容许上帝造出的人类,自己毁灭自己,甲辰年是新纪元,是新的三百六十年的新文化的开始年。

在这个新世纪中,最突出的是世界新文化的复兴,和人类增寿,可至三百岁之间的新纪元。人类第一选项是大健康和返璞归真。是婴儿刚出生的三声感谢,感谢天,天即是父,感谢地,地即是母,感谢上帝,是造物主。人们遵循的是忠,孝,仁,义,礼,智,信,是人类和谐美满,健康长寿,彩色生辉,是和谐世界,与光同尘。

有诗为证：

甲辰启始新纪元
文化复兴和谐篇
健康长寿达标日
返朴归真天道年
徐徐春风化雨来
衍成万千栋梁材
芬芳桃李满天下
运载世纪新生代

第十八篇 上帝在地球设下三十六处网点

　　上帝在天体中布下了360颗主星，互成犄角，互成网络，对天地起到太合磁悬浮，万有引力，暗物质暗能量的乾坤定位法，使天体永远围绕太阳稳定旋转，形成一个天网，即太虚，太和，太极，太阴网络。

　　地球和月亮都是直接与太阳互动，是天体中十大主星九五之尊的重中之重，地球是月亮的主星，月亮是地球的卫星，那时月亮和地球是有一座不周山相连，地球走到那里，月亮就跟到那里。后来祝融氏大战共工氏，共工氏失败，怒撞不周山，把山撞断，上帝不忍，将山体分为三十六处在地球上，设为网点每点三柱石，各有封名，36点直接和天体，360颗主星互动，对地球进行与天体的沟通互动，是永固永存的网络，与月亮是直接对接，帮助月亮完成对地球的各种上帝制定的事情，上帝将月亮围绕着地球的一圈划了一道天网，月亮会永远按照网络路线行走，天网，月网，加地球36点形成互动，这就是天上成像，地上成点。

三疆石与三女峰

上帝封山时，将首山定为天下第一山。又将三柱峰，网点，封为三疆石，是36网点的第一点，三疆即天疆，地疆，海疆，因为是天下第一山，所以又将四大护法神灵安排在首山，首山又称月亮山，是地球与月亮互动的第一个点，因为有四大护法，上帝又赠与四匹金马，人类先知，在山前中部建有观音阁，在右边白虎镇守地，建清风寺，在山顶处设与天与地互动的三角洞。玄武和青龙随时与天海，互动的地方。三角洞是上通天疆，下通海疆，这样将山前山后，山左山右的水纹，地理，山川，河流，气候，物产都有明显的差异，首山又是兵家必争之地，有史记开始就是重兵屯兵之所在，薛礼征东首先在山上摆下棋盘和棋谱。中华人民共和国建国初期，毛泽东特批在首山，建军垦农场和陆军第一医院，在国共两党争夺首山之战中，也正好是108天。国军将首山让给了共军。108天合108将星移交。那时不论是国军还是共军在首山这一带的村庄，都是秋毫无犯，所以毛泽东在此建总兵府和军垦农场，陆军医院。

有诗为证：

首山也叫月亮山，
月亮湾在白云边，
王母娘娘招招手，
八方神圣赴家宴。

长白利属首山脉，
众神常聚昆仑山，
努尔哈赤设龙庭，
崇祯调走袁崇焕。

三角洞通水晶宫，
四匹金马驻山中，
王尔烈拜观音阁，
力保清廷三百终。

三疆石为首山志，
净化万物保安康，

观音常探三玄女，
同归源神驻九疆。

玄武大帝称雄才，
亲手掀开小月怀，
身怀六甲观音阁，
诞生吾辈建楼台。

成吉思汉应犹在，
子牛泽东栋梁材，
创建兵垦第一场，
还兼陆军第一院。

乾坤造就三疆石，
天疆海疆保平安，
只有地疆吾辈保，
薛礼棋谱价值观。

神仙往来净化点，
物理八方设卷帘，
凡尘自有天道处，
开辟甲辰新纪元。

蓝山，蓝山是坐落在澳大利亚，南天门第一山，是最接近天堂地区，上帝为了表彰三玄女造人功劳，特封大洋洲为香格里拉，也是世外桃源之意，封蓝山为天下最后一个伊甸园，把伊甸园封给三玄女。在蓝山设三女锋，那里是蓝蓝的水，蓝蓝的天，蓝蓝的空气，蓝蓝的川，玄女娘娘经常与神仙聚会，常常会现七色祥云和海市蜃楼。大洋洲是天然地理，最接近天堂地方，所以各种物产得天独厚，三玄女也一直关切着伊甸园。

这里矿产丰富，牛羊满草原，土地肥沃，花果满山川，民族融合，社会大发展，安居乐业，空气香满天。

有诗为证：

九天玄女敞胸怀，
诞生人类传帮带，
万朵莲花托浮旨，
南天门外设楼台。

蓝山本是圣母川，
首选天下伊甸园，
观音常来探玄女，
天界仙桃王母献。

南太山川世贸山，
肥沃土地蓝蓝天，
上帝倾心三玄女，
曾于此处建家园。

上接天堂通宇宙，
下守深海与山川，
潮起潮落净化点，
神仙思俗不返天。

天地万物宇宙间，
各领风骚三百年，
澳洲本是神仙地，
风调雨顺小月川。

清风化雨凡尘境，
香格里拉神女峰，
三十六组龙门阵，

经天纬地和谐经。

南太最敬三圣女，
诞生人类首立功，
上帝宣旨蓝山处，
互动月老协太平。

观音玄武栋梁材，
青龙白虎站两边，
能源气场乾坤界，
共筑和谐新纪元。

上帝在天体中，布下的四像是太合，太极，太阴和太虚，太阳光是永恒的，太虚是三圣运作，太极和太阴是地球和月亮的互动，使整个天体形成了一个互联网络，这就是道德经所说的天网恢恢，疏而不漏。

地球以上5千米为气场，5千米以上为气层，在月亮的引力波和能量波与地球的引力波和能量波进行互动时，将地球万物种散发和各种废气在大气层中都进行了净化，最重要的一点是净化灵魂，输送各物种的精体。

四像的巡回运作，为人类的健康，长寿，合谐美满带来了源生态的物种的本命源神。

2024年是甲辰年，又是一个天道年，也是霍金，达尔文，但以理推出的新纪元。让我们在八方神圣，天之骄子的率领下，提纲携领，执一统众，观天之道，执天之行，共建世界和谐，人类健康长寿。自信人生三百年，会当水击八万里。

有诗为证：

九五之尊宇宙魂，
阴阳大法乾坤根。
命门生出万物种，
上帝造就天地人。

环宇本来无一物，
奈何真菌惹凡尘，
上帝撒下无间网，
人类共筑和谐魂。

神仙文化时期为三百六十万年，以九五之尊为代表的三皇，是精气神三圣的化身，是质量光的圣体，五帝是木，火，土，金，水，星神转化，为天人合一，五行之法，天王星主宰天宫事物，海王星主宰大洋的一切。360颗主星下凡，也都与九五之尊共同构筑和谐的天人合一文化。从河图洛书到天干地支，到九宫八卦，阴阳太极，一切的一切都是上帝让下凡的九五之尊和360颗主星给全人类留下的瑰宝。

　　历经了三百六十万年，在三万六千年出现了纯人类，世界的各民族即全人类都是上帝子民，三圣的传人，都起源于天道文化。从部落到族群，从酋长到各大家派，最后创建国，为家国情怀。从有国开始分而治之，各家各派创建了多元世界文化，各民族有各自文化，东周列国为华夏文化。世界文化，都起源于天道文化，什么是天道文化？天道文化是母爱，母是生成，爱是延续，母爱是人类社会发展的终极光环。

拓展卷

引 子

天道酬善,忠孝礼义,圣魂导引,侃氏定理。

子曰:学而实习之,不亦悦乎?

温故而知新,可以为师矣。

子曰:学而不思则罔,

思而不学则殆。

第壹篇

尘菌之力与宇宙生成

单细尘菌的生成，是天体的生成。
　　双细尘菌的合成，是阴阳的功成。
　　暗物质的长成，是无极的铸成。
　　暗能量的形成，是时间与空间的天成。

　　该定理揭示了宇宙中微观与宏观现象的关联，特别是通过尘菌、暗物质、暗能量这些科学概念与古老的哲学思想，如阴阳、无极等进行联结，表达了宇宙万物之间的深刻联系与和谐统一。

　　微小的尘菌、不可见的暗物质和暗能量，虽然在人类的感知范围之外，但它们的存在却主导了宇宙的演化与秩序。从阴阳的交互到无极的扩展，再到时间与空间的生成，所有的存在都共同形成了一个生机勃勃、波澜壮阔的宇宙体系。

第一节
单细尘菌的生成,是天体的生成

定理一:单细尘菌的生成,是天体的生成。

此定理从微观的层面出发,单细尘菌代表的是最微小的存在——细菌,象征着宇宙万物的起源与初始状态。这种极为微小的生命形式,虽然在物质世界中几乎不可见,但它们的生成却蕴含着生命的奥秘和宇宙生成的基本法则。它提醒我们,即便最细微的物质也是宇宙演化的一部分,微观与宏观相互联系,天体的生成也可以看作是无数个小单元的结合与发展。

第二节
双细尘菌的合成，是阴阳的功成

定理二：双细尘菌的合成，是阴阳的功成。

双细尘菌的合成，象征着两种不同的微生物之间的交互与融合。它与中国哲学中的阴阳思想联系起来：阴阳代表着宇宙中对立的两种力量，阴为静、柔，阳为动、刚。当这些对立的元素相互结合时，产生了平衡与和谐，达到了"功成"的状态。暗示了生命或物质世界的运行离不开这种对立统一的平衡关系，阴阳的结合推动了宇宙的进化。

第三节
暗物质的长成，是无极的铸成

定理三：暗物质的长成，是无极的铸成。

"暗物质"是宇宙中不可见但占据大部分质量的神秘物质，它无法通过光直接观测，但它的存在影响了天体的运动。在这里，暗物质的生成与中国古代哲学中的"无极"相联系。无极是道家哲学中指最原始的、尚未分化的混沌状态。在这种混沌中，暗物质象征着宇宙的潜在力量，它蕴含着无限可能和创造力。当暗物质逐渐"长成"，就是无极逐渐成形和具体化的过程，象征着宇宙从虚无到有形的演化、演绎过程。

第四节
暗能量的形成,是时间与空间的天成

定理四:暗能量的形成,是时间与空间的天成。

"暗能量"是推动宇宙加速膨胀的神秘力量,与时间、空间密切相关。这里的"天成"一词具有天命或自然造化的意味,意味着暗能量的形成不是人为的,而是宇宙自然而然的结果。暗能量的存在反映了时空的动态性和不确定性,它推动着时间的流动、空间的扩展。时间和空间的形成与演变,仿佛是宇宙本身赋予的使命,展现了宇宙运作的宏大规律。

有诗为证:

尘菌布满太空,只等天体松动,
时来运转多磨,惊现烟火星空,
混元功法最大,适用海角天涯,
乾坤造就双细,寰宇始现芳华。

生命体，斗寰宇，时空现，布天涯，
精气神，三圣发，无量体，帝最大。

从天体的大爆炸，到寰宇现芳华，一切的一切都是天道母爱的展示。大山是母亲，山川河流是爱人，亲手种下的森林是自己的孩子。

诗情画意尽显天人合一的奥妙。

第贰篇

三阳开泰与宇宙平衡

第一节
三圣的南征北战与共识达成

长时间的南征北战,三位圣者各自率领着一支坚韧不拔、百炼成钢的队伍,在宇宙中穿行驰骋,经历无数挑战与考验。每支队伍在漫长的征战中,逐渐凝聚出极其深厚的力量与智慧,这些力量仿佛已经成为宇宙不可或缺的一部分。然而,三方意识到,仅凭各自为战无法真正承担宇宙赋予的重任,唯有将彼此的力量合而为一,才能彻底完成那宏伟的使命。

三圣经过数次智慧的交锋,终达成共识,宇宙的大道要求他们将各自的精气神融为一体,化作一股强大的力量。这是一次神圣的合体,象征着古老智慧的融合与超越。三方和谈之后,三体分别展现了各自的神通,彼此的精气神仿佛顺应天命,自然地汇聚在一起。最终,这三股力量通往同一个方向,凝聚成了无极之功。无极意味着万物的根源,一切力量在这一点上重回初始,却也孕育着新的生机。

第二节
精气神的神圣融合与无极之功

无极之功转而化作阴阳太极的力量，形成了宇宙中最深邃的黑白双眼。黑眼代表引力，它掌控着万物的秩序与稳定，吸引一切回归中心；白眼代表能量，它推动着生命与物质的进化与提升，为宇宙带来无穷的创造力。这双黑白之眼不仅是宇宙的象征，更是通往超越之道的钥匙。

随着这一伟大力量的融合，精气神体逐渐复归至婴儿的纯净状态，这是一种返璞归真，象征着生命回归本源。然而，这种回归并非退步，而是一种重生与升华。黑眼所创造的净化之道，将婴儿般的精气神体层层推送向上，在一维一度的升华中，精气神不断得到净化与提升。这个过程仿佛是一场宇宙中的轮回，每一层的升华都吸引混沌向上运动，逐渐接近宇宙的至高点——三十三天以内。

第三节
阴阳太极的黑白双眼

　　与此同时，白眼作为能量的源泉，带领着精气神体沿着黑眼开辟的进化之道，一层层推升，最终到达三十三天之顶。此刻，生命进入了一个崭新的维度，那是天顶台的境界，也是宇宙中最崇高的领地。在这个台阶之上，时间与空间的流年仿佛交织在一起，化作混元功法的造化之力。这股造化之力不仅打破了时间与空间的桎梏，还将生命推升至极致。

第四节
精气神体的净化与升华

当精气神体登上天顶台时,那曾经复归为婴儿的生命体,已经蜕变成了英俊的少年。他不再只是一个人类的存在,而是宇宙的至尊至极。他的每一个气息都仿佛蕴含着宇宙的奥秘,他的智慧已超越凡尘,成为了雄才伟略、英俊宏伟、挺拔壮观的一体上帝。在这位上帝的面前,宇宙仿佛向他臣服,他已经成为了天地之间的主宰,统领着一切的法则与力量。他不仅是力量的象征,更是智慧与仁慈的化身,肩负起了宇宙最终的使命,带领万物走向至高的和谐与统一。

第五节
至尊上帝的诞生与宇宙的和谐统一

　　这种过程不仅是宇宙中力量的合一，更是对生命、智慧、与创造力的最高礼赞。三圣的合体，不仅仅是力量的相加，而是宇宙万物在至高智慧指引下的一次伟大融合。这一切，最终都指向了宇宙大一统的未来，象征着天与地、生命与力量的完美合一。

第叁篇

造物主对宇宙的伟大创造

第一节
造物主对宇宙的伟大创造

上帝环顾广袤无垠的天体，目光穿透时空，凭借意念发出无数波段，化作宇宙中的力量脉动。这些波段如同星辰般散布于无边的时空，穿越星河，召唤天体中的各路诸侯，集结于一处，共同参与创造乾坤社稷的伟大工程。诸侯们来自宇宙各方，带着各自独特的力量与智慧，响应上帝的召唤。

在这恢弘的宇宙图景中，天道上帝居于至高无上的地位，掌控天地间的一切法则。天道无所不包，延展至每个角落，指引万物的命运与发展。而上帝，作为恒定不变的造物主，是宇宙的源头与终极主宰，凭借无穷的智慧与力量，掌控着整个宇宙万物的运转。宇宙中的每一颗星辰、每一道光芒，皆源于上帝的意念，上帝的法则维系着乾坤社稷的稳固与和谐。

这一伟大的创造过程不仅仅是物质世界的构建，更是宇宙秩序的确立，蕴含着无尽的智慧与深远的哲理。

第二节
太和系的构建与宇宙秩序

造物主构筑太和系,称为"术"的精妙构思,首先创造了十大星球,合成至高无上的九五之尊,以太阳、月亮和地球为中心。围绕它们的是木星、火星、土星、金星、水星、海王星、天王星,共计十颗主体星球。造物主依照四柱九层的经纬体系排列星体,将五行之力编织成通达万物的网络,这张网络互通无阻,生生不息。

在这无尽网络中,万物从无极生成,逐渐转化为太极的秩序,形成天体九宫八卦的布局。这个布局不仅蕴含天体的和谐与平衡,更使得宇宙间的每条道路都畅通无阻,周而复始地运转。这样的宏伟设计,是一幅亘古不变的蓝图,描绘了天地万物经天纬地、永恒运行的奇迹。

第三节
宇宙的宏伟平衡：四柱九层与星体和谐

上帝以无穷的智慧，将四柱九层设定为宇宙的结构核心，统御着 360 颗行星，这些行星与无数繁星共同在天体的轨道上运行，形成了一幅浩瀚的星空图景。每颗行星都有其独特的轨迹和规律，彼此间无缝协调，展现出宇宙间惊人的和谐与精准。

这些行星如同天体中的齿轮，完美配合着天道的运转，不仅保持着宇宙的平衡，也为万物的生息提供了秩序。它们的轨迹如同流动的光，穿越时间和空间，织就出一张无形的天罗地网，将天地万物紧密联系在一起。正所谓：永恒天体，朗朗乾坤，和谐宇宙，与光同尘。这一系统，不仅彰显了宇宙的伟大与稳定，再现了上帝所构建的恒久不变的天道法则，宇宙中的每一片星空，都是和谐共生的象征。

第四节
女娲造人与万物初成

上帝与天人合一,展开了第二次三阳开泰的造人计划。上帝指派女娲娘娘降临地球,设置气场网络,用以接收天地间的能量。与此同时,命令地藏王在地球上设立六个地标,作为宇宙能量的分化节点,并建立二十八座宿营地,作为能量汇聚的中枢。这时,月球洒下万物的种子,伴随着朝阳的升起,和风细雨的滋润,时空交织,光和胎气共同作用,终致物种初成。

女娲娘娘接到任务后,带领九天玄女一同接收万物种子的分布,并仔细分理各类物种。在人类的培育过程中,三宵娘娘(云宵、碧宵、琼宵)被指派为人类胚胎的主要培育者,使得人类顺利诞生。与此同时,女娲娘娘则负责播撒万物的种子,将这些生命散布在全球,江河湖泊、山川平原,无处不及。

第五节
天人合一与人类的神圣诞生

三霄娘娘忙于治理天地间的事务，她们的神圣职责包括引导人类胚胎进入胎盘，这是通过将地气与月精的阴阳力量进行巧妙调和而实现的。在光合作用的推动下，这种阴阳的结合使得人类得以诞生。第一代人类因此具有神奇的外貌与超凡的能力，他们是天地人三者合一的产物，被称为"天人合一"的一代。

在人类的诞生过程中，七窍逐渐开启，象征着感知与意识的觉醒。正所谓：婴儿出，混沌死，羊水破，胎盘出。婴儿、羊水和胎盘这三者的存在，正是三阳开泰的象征，代表着天地之间的和谐与新生，人类由此进入了世界，开启了他们的文明旅程。

生命

第肆篇

九州布局与天地秩序的演化

第一节
天门对联：通天启地，生门气场

上帝在划分九州区域之后，于南天门上题写了一副对联，并将这门命名为"天门"，即南天门，又称"通天门"。上天门，下地户，象征着天与地的连接之处。此联的横批由四个多音字的"长"组成，即 长(chang) 长(zhang) 长(chang) 长(zhang)，左联与右联各由七个多音字的"长"组成，即左联为长(chang) 长(zhang) 长(chang) 长(zhang) 长(chang) 长(chang) 长(zhang)，右联为 长(zhang) 长(chang) 长(zhang) 长(chang) 长(zhang) 长(chang) 长(chang)，寓意着天地之间的无尽延续与贯通。上帝将此门定为天门，而下方则为空白无字，象征着进入天门的"生门"，这一入口即为气场的通道，意味着宇宙之气在此流通、生生不息。

上九州图

西南州-4	南-9	东南州-2
西-3	中州-5	东-7
西北州-8	北-1	东北州-6

注：此图之南天门即是通天门。

第二节 九州的神圣布局

上帝以无穷的智慧,将天上的神星与灵体巧妙地分布于地球的九州大地。这一布局不仅是上帝意志的体现,也是宇宙秩序在地球上的投影。为了确保天地间的力量平衡,上帝在每个州设立了二十八座宿营地,这些宿营地象征着宇宙能量的汇聚点,遍布九州各地,构成了天、地、人之间的连接桥梁。

每一州的宿营地都被细致划分为三院进行管理,分别代表天道、地道与人道的协调与运作。九州的广袤土地还被进一步划分为三省,各省各司其职,而位于中心的中州则是整个系统的心脏,它不仅是宇宙力量汇聚的核心地带,也是上帝集权的中心点,维持着整个天地的平衡与秩序。这种分布结构完美呈现了天道与地道的无缝结合,使得地球上的九州如同一台精密的机器,稳定运转,永续不衰。

第三节
神仙后裔：早期人类文明的起源

九州的布局包括中州、南须部洲、东圣神州、西牛贺州、北部州、东南部州、东北部州、西南部州、西北部州，构成了完整的九州体系。这时的上古人类生活在神仙世界，掌握着天人合一的智慧与算法，通过电波操纵和网络控制万物运行。三霄娘娘负责主宰并创造了第二代人类，这一代人类具备与前代相似的神通，他们是地球人类文明的先驱，开创了早期的人类历史。

自从三阳开泰后，神仙在天界继位，许多神仙曾下凡到地球生活，这些远古人类也被称为神仙后裔，史书上记载他们为"神仙下凡"，在地球上留下了深远的文明印记。

第伍篇

上下五千年：文明演变与时空循环

第一节
天道与地道的时间差异

"上下五千年"实质上是指上下相互连接的时间线，合并计算为万年。这并非指地球的时间，而是属于天道的年历系统。当时天上的一天，相当于后来地球上的一万年，而天上的万年，等同于地球的三亿六千万年。这一时间跨度既可以说漫长，也可以说短暂，取决于天道与地道时间的相对尺度。

这种时间观展示了天道与地球时间的巨大差异，天上的时间流逝比地球快得多，然而二者之间又保持着某种神秘的对应关系。在宇宙的宏观视角下，天道的运转与地球的岁月转换和谐统一，展现出天道的永恒与地道的不断变化。这种上下的时间串联，将天地万物的历史紧密相连，既体现了时间的无尽轮回，也突显了宇宙的广袤与奥秘。

第二节
神仙入世：资源争夺与天地混乱

本来，神仙们在天上生活，虽然拥有神星作为居所，但那里并没有丰富的物产供应。于是，他们转向地球，利用其资源进行大规模的生产，设备不断更新换代，物产的需求也日益增加。为了满足生产与生活的需要，物质交换和物流逐步扩大，甚至涉及到挖山采矿，黄金、玉石的开采也成了神仙们的日常任务。神仙法力无边，开始频繁入地翻天，施展各种手段。

随着竞争的加剧，神仙们之间不再单纯依靠法术较量，有时甚至以"指鹿为马"的手段相互欺瞒，或是使用坑蒙拐骗的伎俩，力图展现谁的本领更高。神通广大的行者们也时常往返天地之间。天蓬元帅因调戏妇女而遭受惩罚，卷廉大将则拥有通天之能。哪吒更是抽出龙筋，搅得天地混乱，成了榜样事件，导致魔王小鬼四处逃窜，地狱中充满了迷失的灵魂，月宫则被神仙们占满。

如此混乱局面亟需重新教化，唯有如此才能重整九天秩序。神仙界忙于应对纷乱的局面，而地球则成为物产的主要来源，九州之地堆满了丰硕的蔬果，百类鸟兽、美味佳肴遍布山川，海鲜也在千山万水之间生长。天体摇动，海水倒灌，然而，神仙们拥有无穷无尽的手段，依旧能够应对这一切。

第陆篇

尘封的上古文明与新的秩序

第一节 恢复宇宙秩序

一失足成千古恨，再回首已万年身。错误一旦发生，便会带来不可挽回的后果，哪怕经过了万年再回头，失误依旧无法被抹去。上帝与十大主体星球沟通后，决定恢复宇宙的秩序。

首先，上帝命令神仙归位，各自返回他们应有的位置，恢复宇宙的平衡与和谐。接着，上帝指派三圣使用尘菌和酸雨进行尘封，进行净化与封存，将混乱封闭于过去。与此同时，上帝剥夺了核武器的功能，终止了其毁灭性的力量，使得威胁人类和平的武器失去效用。上古曾经备受关注的机器人科技，也随着这一过程化为泡影，最终消失不见，失去了继续发展的可能。

第二节 上古文明的遗迹与消逝

　　锋利的武器逐渐失去作用，堆积如废铁，遍布在天山之巅。上帝施展混元一世功法，推动地壳的巨大变迁。高处显现出昆仑山的绝顶，而低处则显露出百慕大深渊的神秘深处。随着地壳的剧变，洪水四溢，原有的地貌已无迹可寻，世界在翻天覆地的变动中再也看不见昔日的样貌。

　　人们只能在深山中找到上古时期残存的船坞，而那六座地标的命运如何，也已无人知晓。这些上古人类的痕迹，如蛛丝马迹般残存，却让现代人类无法理解他们曾如何繁荣发展，又是如何经历巨变。上古人类的历史被厚厚的尘埃封存，成为了一个难解的谜团。

第三节 名利虚幻与生命无常

天苍苍,地茫茫,还得造新房。

真的是,争名夺利几时休,早起迟眠不自由,骑着驴骡思骏马,宫居宰相望王侯,只愁衣食耽劳碌,何惧阎君就取勾?继子荫孙图富贵,更无一个肯回头。

也真是:浮生着甚苦奔忙,盛席华筵终散场,悲世千般同幻论,古今一梦尽荒唐。

确实是,有争名争利之徒,无爱命惜身之士。

第柒篇

天道数理：从混沌到和谐

第一节 混沌之态谓唯一

混沌是宇宙最初的状态，一切尚未分化，所有存在合为一体，故称"唯一"。混沌经历了三个阶段：第一个阶段是天体混沌，是宇宙初期的无序状态；第二个阶段是地体混沌，地球尚未形成秩序；第三个阶段是人体混沌，是人类身体在天地演化中的无序状态。

第二节 随分阴阳谓为二

万物的生成依赖于阴阳二气的分化。道生万物,首先生成"一",是无极的状态,包含宇宙万物的根本法则,无极为天道、数理、术数等一切的源头。随后"一"生"二",从无极生成了太极,太极则分化为两仪——阴与阳,是宇宙中的二元对立:黑与白,正与负,光与暗。这种阴阳的分化是宇宙变化的基础。

第三节 产生合气谓为三

万物在阴阳两气的作用下生成合气，形成万物的本质。这种合气表现在"万物负阴而抱阳，冲气以为合"，是万物在阴阳的交融中诞生。阴是质，阳是光，气则为量。三者合一便是精气神的三元，是月亮、太阳与地球的协调统一，是天人合一的道理。三元之气是三阳开泰的基础，是恒定宇宙的数理法则。

第捌篇

上帝疏通天体

第一节 上帝疏通天体的伟大战略

上帝决定以"三阳开泰"的法则作为疏通天体的总体方针与路线。为了实现这一目标，达到一劳永逸的新世纪，上帝任命三位圣者领导三路大军，负责疏通天体。尘封之时，天崩地裂，海水倒灌，地壳剧烈变迁，导致北变南、上变下，众多神星受到袭击，天体的倾斜愈加明显。

面对这一混乱局面，上帝重新集结各路神星，经过缜密的商议，决定开辟一条通往永固天体的道路。首先，上帝为天体划定了经度和纬度，确保宇宙结构的稳定性。随后，他运用"九阳真经"，制定了新的天体修复计划。三圣各自率领三路大军，每路有120位神星，再细分为先锋与后卫。上帝亲自坐镇中军，统领全局，随时调整网络和战略，确保天体疏通顺利进行。

第二节
质圣、量圣与光圣的宇宙修复之道

　　质圣作为开路先锋,负责在前方铺展道路,他沿途洒下"真经",所传递的智慧和力量均用于修补天体的裂痕与缺口,确保宇宙的完整性。量圣则负责疏通天体的经纬各路,扩大和调合不同的区域,确保天体结构的扩展与稳固。与此同时,光圣运用电波检测天体的运行状况,确保整个宇宙网络的顺畅连接,彻底疏通各个环节,使得天地之间的运作达到完美的平衡。

第三节 上帝通天体之五行五回图

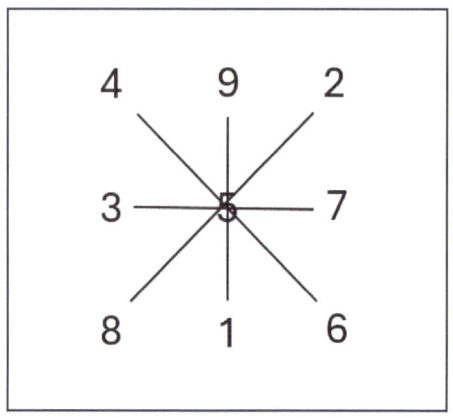

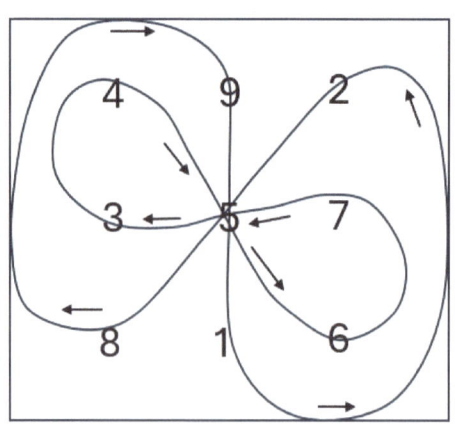

这是五行和五回的宇宙轨道，支撑着星球的运转，展现出天体的宏大结构。这种运转基于九宫八卦的根本原理，是天人合一的数理法则，是天地间精密的经纬划分。在这种体系中，天体的脉络和经络得以顺畅运作，确保宇宙的稳固与和谐。这一结构不仅是宇宙稳定的基业，也是精、气、神三元生命力的根源，它们共同滋养并维持天地万物的运行。

第四节 开寰扩宇，疏通天体

开寰扩宇，打开宇宙的广阔空间，扩展天体的边界。随着宇宙的扩展，行纬通经，宇宙经纬疏通脉络，天地的经络畅通无阻。固天稳宙稳固天体基本结构，确保宇宙的稳定与和谐，同时实施天道，维护天地运行的法则与秩序。

五是生门，代表生命的起源与无极的开端，三路大军从五生门出发，沿着无极的路线行进，开始"一"的初始阶段。接着进入"二太极"，太极的运转是阴阳的平衡与交替，随后大军回归生门，探访三才（天、地、人），深入了解宇宙的根本法则。

接下来，大军进入四正（东、南、西、北）方位，向中央汇报，确认宇宙的稳定。通过依据六爻定律，探索天体的运行变化，观察七星的运动轨迹，理解斗转星移的奥秘。随后，结合术数，推演八卦的变化，调整宇宙的方位和运行路径。

最终，大军按照九宫的轨迹行进，经历层层变化与考验，峰回路转，宇宙的脉络和结构愈加完善。最终，天地进入混元一世的境界，万物归一，宇宙实现了最高的和谐与统一，天道再度显现出其永恒的智慧与力量。

第五节 三路大军，稳固天体

上帝指挥三路大军，通行五行的能量，纵横万亿时空，全方位稳固了太和界。通过五行与无极的意念，扩展数术的力量，上帝将三百六十颗主体星球依照四柱九层的法则进行排列。与此同时，亿万颗繁星也被精确地安置在天体的各个部落中。

以太阳、月亮、地球为中心，配以木星、火星、土星、金星、水星、海王星和天王星，共十大恒星为核心，天体按九宫八卦和太极的数术法则运行。确保了天体的稳定与和谐，还保证了宇宙万物的有序发展，形成了宇宙中不可动摇的基础。

第六节 太极旋转，稳固天体

以阴阳太极为基础，上帝将其旋转至无极状态，释放出强大的光谱和电波，贯穿整个天体。这些能量通过交织的经纬网络传导，构建了一个无比畅通的系统，使得天体的各个部分无缝连接。天体的稳固性因此达到了极高的程度，达到了万无一失的标准，没有任何一丝的差错或隐患。

第玖篇

恒星的宇宙定位与天体运转

第一节 太合创生，探索天机

上帝创造了太合系，建立一个充满生命力的系统，万物生长繁衍，生机勃勃。维持生命的循环，孕育出有理想、有抱负的生命个体，立志探索天体的奥秘。上帝希望他们逐渐揭示并传播他那经天纬地的伟大功绩，将宇宙中的浩气长存传递出去。

在人类的不断探索过程中，尘封已久的宇宙秘密将逐渐被揭开，这是上帝留给人类的一部分记忆，等待他们一层一层地解开。每一个发现、每一段记忆的解锁，都是人类与上帝之间更深的联系和理解的桥梁。

第二节 九五之尊，万星拱卫

上帝创造星球的过程充满了深远的意义与含量，体现了他作为造物主的智慧与力量。上帝所创造的宇宙体系中，九五之尊是最为重要的核心，有至高无上的主导者。九五之尊是十颗主体星球，包括太阳、月亮、地球，以及其他核心行星，它们是整个宇宙体系的中心与支柱。

与此同时，上帝还创造了360颗神星，每一颗星星都有其独特的含义和作用。这些神星尽管各自独立，都服从于九五之尊的统领，对核心星球的臣服与支持。这十颗星球不仅是天体的核心，是上帝的化身，承载着他的意志，管理和维系着宇宙的运转。

通过这些星球与神星的设计，上帝不仅构建了一个稳定而有序的宇宙系统，还赋予了这个系统深刻的哲理和意义，使得宇宙成为他功绩和智慧的永恒见证。

第三节 精气神聚，七色构宇

上帝的体内蕴含着精气神和七色祥云，这二者共同构成了上帝的力量与天体结构。精气神分别代表三圣，它们是上帝的核心灵力与生命之源。而七色祥云，则对应着木、火、土、金、水、海、天七种元素，它们是构成天体的基本物质，也是上帝身体中的经络与脉络。

这些元素在上帝体内形成了一个精密的网络，是天体的经天纬地之图，支撑着整个宇宙的运行。360颗定位星球，是上帝体内的穴位分布，它们按九宫八卦的数理规律排列，与上帝的经络脉络息息相关，维系着天体的和谐与秩序。

第四节 天体守护，生命延续

上帝为月亮、地球、太阳和七星制定了专门的法律，所有的安排都是为了保护和服务地球上的生命体。在上帝的心中，地球上的人类与万物是宇宙中最重要的部分。为了确保地球免受外太空威胁，上帝让木星和火星撒下一道保护网，防止陨石等物体的袭击。此外，月亮则成为第二道防护网，强化了对地球的防护体系。

当有外来星体逼近时，太阳会通过电波和宇宙网络及时通知地球和月亮，确保它们能够准备好应对威胁。在这个防御系统中，观音菩萨和玄武大帝承担了关键角色。如果有星体从地球前方袭来，观音菩萨施展抛物引力波法，将能量引导，从地球上空抛向月球的背面，由玄武大帝接收。这一过程充分利用了月亮的两面：月亮面对地球的一面负责能量防护，而背面的引力面则由玄武大帝负责吸引并净化地球大气中的有害物质，维持地球和月亮的稳固对接。

同时，这也对大海的潮汐起到了稳定作用，进一步净化了地球环境。

更重要的是，观音菩萨负责收取人类和动物的灵魂，并主掌生死簿，确保每一个灵魂都能经过净化，重新进入轮回，通过再教育得以回归人间，以新的百年身开始新的生命旅程。地球作为一个巨大的气场，不仅接收和转化了质圣洒向大地的春风细雨，也成为了万物和人类的母亲大地。太阳则永恒不息地向地球发射光和电，维持着光电产业的发展，这一切都是上帝赐予人类的恩典。

第拾篇

太和系的宇宙构建与天地互动

第一节 三大主星的本源与转换之道

在太和系的宇宙设计中，上帝运用无穷智慧，将三大核心球体转化为维持宇宙平衡的三圣：太和球中的光子被转换为"光圣"，形成了太阳，这一星体为宇宙提供无尽光源；太极球中的量子与气场被转化为"量圣"，成为地球，这颗星球承载了生命的基础；而太阴球的质子和精种发射器被转化为"质圣"，成为月亮。三大星体形成了一个紧密的系统，在太和系中各司其职，共同构建出一个平衡而有序的宇宙。上帝通过这种转换，使三者相辅相成，太阳给予光与热，地球承载生命，月亮调和阴阳，三者共同维持着宇宙间的能量循环。

第二节 三大主星的相互沟通与和谐互动

　　太阳、地球与月亮之间，通过各自独特的网络系统形成了紧密的相互联系与沟通。太阳作为光圣，利用光波网络向地球和月亮传播能量，维持光明与温度的平衡；地球则通过气场网络与月亮和太阳互动，将气息与生机传递给其他星体和万物。月亮则依靠精经网络，将精华的能量传导到地球的每一个角落。在这个互动系统中，太阳不仅承担着调和与调节的角色，还象征着宇宙中的恒久力量；而月亮与地球之间的关系，更体现出一种互敬互爱的和谐之道，彼此牵引，互相支援，确保宇宙的秩序井然。三者的协同互动不仅是物质层面的交换，更代表了宇宙间能量和精神的交融。

第三节
月亮的引力与净化功能的宇宙作用

月亮,作为质圣,不仅仅是地球的卫星,更是宇宙间的重要净化中心。上帝在月亮上安置了强大的引力波和净化功能,使其能够调控和净化宇宙中的尘埃与杂质。月亮所含的强力引力波,不仅能影响潮汐与地球的气候,更通过其内在的净化系统,将万物种的精华转化为"春风化雨"的力量,散布至宇宙中的各个角落。这一功能被上帝设计为"太和磁超声波"的形式,使其能够与地球以及其他星体进行互动与协调。通过这一设置,月亮成为宇宙中的净化器,起到净化万物、保持宇宙和谐稳定的作用。

第四节
地球与月亮的网络联动与生态平衡

　　地球不仅是生命的摇篮，也是宇宙与星体间的枢纽。上帝在地球上设立了36个网点，这些网点与月球及360颗主体星球形成了一个复杂而精密的网络系统。月亮通过月光形式的超强力太合磁网络和超声波段，将地球所需的各种净化气体和生命种源发放至地球的每一个网点。月亮的正面始终朝向地球，象征着大慈大悲的观世音菩萨，默默庇护地球生灵，为其带来希望与光明；而背面则由玄武大帝守护，承担着抵御外星体打击、保护地球的重任。玄武大帝不仅在月亮上抵挡外来的威胁，还负责收集和净化来自宇宙的灵魂，经由观音菩萨的再度教化，将其精华送回地球的各个网点，确保地球的生机与能量源源不断。这种复杂而有机的网络系统，使得地球与月亮的联系更加紧密，成为宇宙生态平衡的重要组成部分。

第五节 三圣的天人合一与万物生长

太阳、地球和月亮，分别代表光圣、量圣、质圣，它们之间的互动不仅形成了宇宙的基本结构，还构建了地球上万物生长的基础。太阳的光圣力量，带来了生长的光芒和温暖；地球的量圣力量，则是所有生命之气的来源；而月亮的质圣力量，则负责调和和稳定两者之间的平衡。三圣之间的合作，不仅实现了天道、地道、人道的和谐统一，也为地球上的生命繁衍和生态系统的循环提供了支持。这种天人合一的运作方式，使得宇宙万物在三圣的守护下，能够繁荣发展，循环不息。正是这种和谐的互动机制，让地球成为宇宙中一个独特的生命之源。

第六节
360颗星球的宇宙指引与多功能辅助

在太和系的宇宙设计中，上帝布置了360颗星球，它们与地球形成了一个多功能的宇宙网络系统。这些星球不仅承担着地球运作的辅助角色，更是宇宙中智慧与秩序的守护者。每一颗星球都有其特定的任务，有的负责调控气候，有的维护生态，有的传递宇宙能量，还有的作为预警系统，监控外星体的动向。它们各自形成不同的能量节点，围绕地球运转，为地球提供多方位的支持和指导。这个复杂的系统确保了天体之间的协调统一，使得地球能够在宇宙中稳定运行，享受来自360颗星球的全面保护和帮助。星球与地球之间的互动，不仅反映了宇宙秩序的精密性，也展现了天道与地道、人道的深刻联系，让地球成为万物生长的乐园。

第拾壹篇

人类起源：上帝的创造与神圣计划

第一节 再造人类，天人合一

上帝决定重新创造人类，使其达到天人合一的境界。新的人类与上古人类的创造方式相似，但仍然存在本质上的差异。这一次，上帝赋予了人类全新的特质和命运，确保他们不会再被尘封。新的人类由九天玄女的三霄娘娘（即三圣母）在地球上负责布置创造工作。

在地球的河流山川之间，三霄娘娘铺设了网络接收器，用以接收来自宇宙的能量与信息。包裹着这些网络的是一种雾状透明体的包衣，起到保护与调和能量的作用。与此同时，月亮上的观音菩萨撒下了万物的精种和各种物种的种子，将它们散布在地球上。

清晨，当地平线上的蒸汽进入这些包衣时，阳光照射在其上，触发了光合作用。精气在这过程中得到调和，经过十二个月的孕育，逐渐形成了带有龙骨的胎胚，也即是图腾。这是人类生命的起源阶段，最终，胎胚复归为婴儿。

　　这项创造工程历时三年，三圣母亲自抚育这些婴儿，视他们如己出。每位圣母分别照料120对先知，共计360对，这些先知将成为人类的开拓者和领路人。

第二节 天道相连，孕育新生

上帝命令三圣母教导人类关于婚配和生育的法则，帮助他们延续人类的生命。第二代人类是由先知们所生，延续了他们的智慧和特质。每个婴儿的孕育过程与宇宙紧密相连，怀胎十月与宇宙中的十颗主体星球相对应。

在孕育期间，每个星球依次与胎儿的发育相匹配，提供不同的神灵能量。每个月轮流由一颗主体星球负责供给能量，逐步完成胎儿的成长与发育。当十个月的周期结束后，婴儿便在完美的时机出生，带着宇宙赋予的神圣力量与智慧降临人间。

第三节 电荷植入，阴阳调和

上帝让三圣母在婴儿体内植入三个正电荷与七个负电荷，每个电荷都含有九五之尊的分子能量。男孩的十个电荷由精气神作为核心的正电荷，辅以忠、孝、仁、义、礼、智、信七种德行为负电荷，形成完整的电核结构。女孩的十个电荷同样由精气神为正电荷核心，但她们的负电荷对应的是喜、怒、哀、乐、惊、恐、忧七种情感。

男孩在9岁之前属于阴性，10岁之后转为阳性；女孩则在9岁之前为阳性，10岁后转为阴性。这种阴阳转化的设计体现了天道与人体之间的平衡与和谐。

上帝的第二次人类创造经过精确的天体数术法，在人类体内进行复杂的网络部署。除了十个电核，上帝还赋予了人类360个神经调和点，以及数百万的分支网络，组成了人体的经络、脉络、神经和末梢系统。在尘封前的古代人类没有使用文字，而是依靠数字和图腾来进行交流。

随着第二代人类的诞生，上帝留下了重要的启示。上五千年时代的符号为河图，而下五千年则带来了洛书，开启了文字的传承。这两个阶段人类文明从图腾到文字的演进历程。上帝旨在通过这些提示，让人类贯通天道，继承学识，保持仁爱，构建和谐的社会，通达筋脉，成就圣体。

第拾贰篇

神仙与人类：
政通人和的传承

第一节 神仙归位，人类再生

远古人类是由三圣母所创造，她们本身都是仙人，这是上帝为了造就人类而耗费巨大心力的过程。第一代神仙界在远古时代已经被尘封，上帝决定重新创造人类，并让神仙归位。为此，上帝派遣三圣对神灵进行教化，以便为第二代远古人类的创造奠定基础。

在创造第二代人类的过程中，上帝首先让神灵降临地球，熟悉地球的环境和情况。当三圣母成功抚养先知（即仙人）成长为青少年后，这些神灵就与仙人们一同生活，进行传、帮、带的方式，将神圣的智慧与技能传授给他们。

当先知们成熟后，他们开始结婚生子，逐渐成为真正的人类，并在地球上建立起永久的家园。这些神仙在地球上生活了长达360万年，这一时期的人类文化主要以数字文化为主，并且伴随着甲骨文、象形字和壁画的使用，形成了早期的人类文字系统。这段时期被称为天干地支，象征着天地运行的法则与文化体系。

第二节 上九州传道，神仙引导

上帝划分了九州体系，在姜子牙封神之前，这九州被称为上九州，代表的是神仙界的领地。上九州的地理分布是"上南下北"，其中南天门又称为通天门，是神仙界的出入口，负责连接神界与凡界。上帝让神仙从上九州来到地球，进行传帮带的任务，目的是通过神仙的引导，使地球上的人类能够自我成长，最终成为永生永世自生自长的纯种地球人。

上九州不仅仅是神仙的世界，它包含了大宇宙，是宇宙更高层次的存在。而在人类的生活区，主要分布在地球的中州、西州、东州和南州，这些区域构成了地球上的重要文明中心。

第三节 仙凡共存，繁衍人族

当时的神与仙各具通天本领，他们的外貌千姿百态，有的拥有人面兽身，有的则是蛇身，还有以属相为基础的各种奇形怪状，这些形态都是由他们自己创造的，展现了各自的独特能力与特质。

第一代人类由九天玄女创造，经历了长达三年的怀胎期，是远古时期的怀胎方式。这些人类如同哪吒一样，都是具备仙人体质的存在，拥有超凡的力量和智慧。由于他们具备与仙人相似的基因，这一代人类被视为特殊的"仙人种"。

到了第二代人类，玄女教给他们婚配之法，使他们开始按自然规律繁衍后代。第二代人类的怀胎期为十个月，人类的体内植入了十颗固定的电荷，是精气神与身体的能量系统。这些电荷与他们的经络、脉络相连，虽然结构与仙人相似，但他们与仙人不同，缺乏仙人体内的强大基因。

仙人可以通过极短的时间学习神功，

并迅速掌握，而这一能力是上帝允许的。与此同时，还有一部分人类选择了不学功法，而是专注于数术和学术的研究，他们与姜太公一同隐居，成为了智者和隐士。

第四节 上九州文化与神仙传承

中州,即古人所称的周朝时代,是上九州文化的中心。这一时期不仅代表着地球文化的巅峰,更是整个宇宙文化的交汇点。上九州文化不仅涵盖了地球的文明精华,更是天人合一、神仙智慧的集中体现。周朝时期的文化,不仅在地球上广泛传播,更是宇宙智慧和神仙文化的结晶,其影响力深远而广泛。现今世界的整体文化和宇宙观念,都可以追溯到这一时期的神仙传承与文化交流,展示出上九州文化在天地间的深刻影响。

上九州分布图

4 西南	9 南	东南 2
3 西	5 中	东 7
8 西北	1 北	东北 6

上九州，上方为南，下方为北，左方为西，右方为东，这是当时天体方位和地球方位。在这种方位体系下，宇宙的布局和天体的运行都有其独特的规则。

上九州的神仙纪元延续了三百六十万年，是神仙文化的全盛时期。这段时间被称为神传仙，意味着神灵通过教导和引领，逐渐传授仙人智慧，使得仙人成为宇宙秩序的守护者和天道的执行者。这是一个神仙传承和相互学习的时代，奠定了后来的文化和宇宙法则。

在这个漫长的时期中，神仙们不仅在九州传授智慧，还与天地万物紧密相连，掌控着自然法则和宇宙的运作。

第五节 封神易位，传承新纪

仙传人的时代属于下九州，这是神仙通过传承，将他们的智慧和知识传授给人类的时期。在这个时期，南方的通天门是神仙与凡界沟通的入口。而在封神之后，天地方位发生了变化，南变为北，而北则转为南。此时，昆仑山成为了通往天界的连接点，是天地之间的桥梁。

姜子牙封神是上帝委托的一项重要任务，姜子牙是女娲娘娘造人时诞生的第一代仙人，他精通数术之法，拥有深厚的智慧和能力。在上九州时期，神仙通过传帮带的方式，将他们的知识与智慧传授给地球上的纯人类，帮助人类成长和发展。

上帝派遣姜子牙在岗仁波齐封神，这一地方位于昆仑山之源，被称为灵山。封神仪式标志着神仙时期的终结，此时的文化传承属于下九州文化，伴随着南北方位的互换，是天地格局的重组和新的纪元的到来。

下九州分布图

4 西北	9 北	东北 2
3 西	5 中	东 7
8 西南	1 南	东南 6

第拾叁篇

神退人兴：天人交替的智慧传承

第一节 诸神退位，智慧隐山

当姜子牙在灵山举行封神仪式时，宣告了两句关键的话："太公在此，诸神退位。"这一时刻标志着神仙与人类时代的划分，诸神退位是神仙逐渐从地球事务中退出，不再直接参与人类的生活和管理。

天上的主星和修习功法的仙人们，在这一时期开始回归天体，各自归位于他们所属的主星和璀璨的繁星之中。从此，他们与人类的交往逐渐减少，回归到宇宙中的神位。

此后，地球上的人类由那些精通学术的仙人来传播数术文化，他们将各种超前于人类社会发展的物品和知识深埋于地球的山底。这些隐秘的地点被称为"暗山"，而其中最著名的形式便是金字塔以及其他地下结构。这些地方隐藏着神仙的智慧与遗产，等待未来的人类去探索和发现。

第二节 灵山五大学府

在灵山时期，仙人们为人类开办了多种学府，以传授神仙智慧和各种学术知识。这些学府为人类奠定了文明的基础，至今仍然影响深远。

最为著名且流传至今的学府有：

文化学府：专注于传承人类的文化、礼仪、历史和哲学，培养人类对于天地万物的理解和认知。

术数学府：教授数术，包括天文、占卜、风水等，帮助人类掌握自然规律与宇宙运行法则。

治国学府：致力于教导治国理政的原则和策略，帮助人类在地球上建立稳定的社会秩序和治理体系。

理政学府：注重于国家的日常管理与政策的制定，培养人类领袖和官员如何治理国家，管理事务。

兵法学府：教授战略、战术与兵法，使人类掌握战争艺术和国防策略，保障国家的安全与长治久安。

这些学府成为人类文明发展的基础，各类知识和学术经过千年传承，形成了今天世界各国的文化与治理体系。这些学府不仅传授知识，更为后代的人类提供了宝贵的智慧和经验。

那时的学员是从九州各地来的，后来学成后回到原住民生长地，也都学到了一些仙术，回去的地方都有岩画，作为记载，每个族群都有先知传经诵道，那时叫取经，也就是取回文化真经，最为典型的一段佳话，是孔老二访问如来佛，话说孔老二率领弟子三千到灵山访问如来佛，见后佛说，夫子你风尘朴朴，来我西天，是为何事？夫子说，都说你是天上圣人，我是地上圣人，我想和你在认字上一较高低。佛说，好吧，你认错了咋办？夫子说我认错了，让你弹脑嘣，你认错了我弹你，夫子说那好我先出字，你先猜，佛说，好吧。夫子出了个重字。佛说这个念重，夫子说你念错了，出字才念重，你想两山加一起不念重吗？重字才念出，我千里出门来会你，当然重字才念出了。佛说那好吧，你先弹。夫子卯足了劲，在佛脑门重重地弹了一下，把佛脑门弹了一个大红豆，佛说，好你个孔老二，等我弹你时不把你脑壳弹爆了，才解我心头之气。佛想好后再写了一个射字，夫子说，这字儿念射，佛说你读错了，这字念矮，像你一寸来高的身子，只能念矮，矮字才念射，矢代表箭，委代表出去，箭出去才念射。我来弹你脑壳，佛说完。双眼一闭卯足了12分力气，憋了足足5分钟，心想这下让你尝尝厉害，佛光顾卯劲儿还没睁眼，夫子一看，大事不好，风紧扯呼大袖一甩，带领弟子三千，一溜烟儿的跑出五百里之外，临走时还没忘拍了一张佛照，红豆脑门流传至今。

第拾肆篇

九州时代的地理与文化演变

第一节 南北易位

上九州的"9"代表的是南部州,即南方的南天门,是神仙与天界沟通的主要入口。"5"代表中部州,位于地球的中部,而"1"则象征北部州,地处地球的北方。

当姜子牙在岗仁波齐封神时,天地方位发生了重大变化,北变为南,而南天门随之关闭。这一封神仪式是神仙世界与人类世界的分离。从此,神仙不再与人类直接交往,天界和地球的界限正式划清,神仙回归天界,赋予人类更多的自主权,开始独立发展。

这一段历史不仅是地理方位的转换,更是神仙传承文化结束的标志,开启了人类独自发展的新时代。

下九州分布图

4 西北	9 北	东北 2
3 西	5 中	东 7
8 西南	1 南	东南 6

第二节 封神归隐

岗仁波齐位于中州的西北,是昆仑山的绝顶之地,被誉为神仙与天界对话的神圣场所。此地不仅是神仙活动的重要场域,还是"太公在此,诸神退位"的封神之地。随着姜子牙在此封神,神仙纷纷归位,退隐天界,结束了他们在人间的直接干预。

岗仁波齐也是一些学数术的仙人选择隐居的地方,他们继续在这里传授天界的智慧与学识。世界各地的先知聚集于此,学习各种知识与技艺,岗仁波齐因此成为了知识传承的中心。这一时期被称为下九州时期,是人类与仙人共同生活的中生代。

在昆仑山发源地,曾开设了几十家学府,是仙人与人类共存、互相学习的场所。各个学派和宗教的先知,包括佛教、基督教、伊斯兰教、东正教、藏教,以及儒家、法家、墨家、道家等,纷纷从世界各地来到灵山,汲取真经。这些学识与智慧的交流,逐渐形成了各自独特的流派,奠定了各个民族文化的根基。

　　这段时期象征着人类向仙人求学，取回真经的真谛，为后来的文明发展奠定了文化和智慧的基础。

第拾伍篇

神山之谜：
灵山与七彩祥云的启示

第一节 东土真经

由于中州离灵山最近,前往取经的人络绎不绝。取回真经的人们回到东土后,建立了东周列国,其中东土成为了真经文化的传播中心。东土人从灵山带回的文化融合了一百零八路神仙文化,因此他们信仰众多的神灵,修建了大量的庙宇,形成了一个多元包容的文化体系。

这种文化深深植根于中庸之道,与东土人的民族信仰相融合,延续至今,已有近万年的历史。世界各地的文化传承实际上都源自神仙文化,这种文化通过书字传播,记录在文字和典籍之中。距离灵山较近的地区取回真经后,在各地建立了书院,然而传承的时间和广度有所不同,书院在各地发展的年限也因地而异。

这些取回真经的学者们不仅传承了神仙的智慧,也为人类文明奠定了知识和文化的基石,至今仍在影响着全球的文化发展。

第二节 七彩祥云的启示

根据先知的记载,《史记》揭示了人类是上帝的子民,并且是三圣的后裔。上帝与天上的神灵是永恒存在的,他们时常通过海市蜃楼的方式,在空中显现。天上的金色祥云和七彩祥云是上帝给人类传递信息的标志,向人类展示他们的神圣存在与关怀。

七彩祥云不仅是一种天象奇观,更代表了七大洲的人类各民族文化。七色祥云象征着人类体内的负电核,而每个人在出生时就被三圣赋予了精气神,即作为主电核的核心力量。上帝通过七彩祥云的显现,提示人类要追求和谐、健康与长寿。这些彩云象征着光辉灿烂的未来,提醒人类要彼此和谐共处,并拥有充满生命力和色彩的生活。

七彩祥云是神灵的象征,也是上帝对人类不断的关怀与指引,使人类走向更加光辉灿烂的未来。

禅言

第拾陆篇

天道数字与宇宙法则

第一节 天道数字文化

　　数字文化是天道文化，它是上帝通过数字传递给人类的智慧，被称为天道文化。数字不仅仅是数学符号，也是天地万物的运行规律。天道文化通过数字揭示了宇宙的本质。

　　华夏数字中的天干和地支是华夏文化的核心元素。数字142857，是一种神圣的循环。当142857乘以1，结果仍然是142857。其中的"五"为甲，是生门，每个周期为60年。根据这一循环，2024年是甲辰年，也是一个全新的360年的起点，被称为新纪元。

　　华夏的数字系统被分为天干和地支，而142857是上帝所安排的天道文化的象征。天干代表天道，地支则代表地道，阿拉伯数字则是天道文化中的组成部分。

　　要解释天道文化，必须结合地道文化来理解，天干和地支共同配合，阴阳相合才能得出正确的答案。

天道中的甲和地道中的辰，象征阴阳结合。只有通过这种结合，才能得出正确答案，反映出天道与地道之间的平衡与和谐。

后史文化，也称为"霍达溶合"，即霍金和达尔文的溶合，代表着后史与数字和地支的结合。五为生门，是起始点，对应甲。2024年是辰年，甲加辰为甲辰年，是新的生门的开启与新的周期的起始。

数字27是混沌，是宇宙的起源。二是阴阳，太极球和地球与鸿蒙的连接。七代表七大洲和人类的七窍，是人类生命与世界的象征。

第二节 天道数字奥秘

		子 27	丑 27	寅 27	卯 27	甲辰 27	己 27		
X1	=	1	4	2	8	5	7	27	午
X2	=	2	8	5	7	1	4	27	末
X3	=	4	2	8	5	7	1	27	申
X4	=	5	7	1	4	2	8	27	酉
X5	=	7	1	4	2	8	5	27	戌
X6	=	8	5	7	1	4	2	27	亥
X7	=	9	9	9	9	9	9	--	天道
X8	=	1	1	4	2	8	5	6	
X9	=	1	2	8	5	7	1	3	

如图所示，X9 这一行的最后一个数字是 3，X8 这一行的最后一个数字是 6。这两个数字具有重要的象征意义：3 代表三阳开泰，即精气神的完美平衡，太阳、地球、月亮是人类生命的本源，而 6 则代表地标，是天之角、地道的象征，表示六方的和谐与稳定。

X7 这一排的 6 个数字 9 这 6 个 9 是天之骄子，六方地球的天之骄子，象征帝王的尊贵地位。142857 乘以 7 等于 6 个 9，展示了六方的神圣性和天道的平衡。

在 X8 与 X9 这两排中，显示为 7 位数字，但 X7 这一排则显示为 6 位数字，6 位数字是 6 个 9，代表天之骄子。最后一个是空格，空格表示上帝的无形指引，是天道的一杠。

在 X1 至 X6 这六排，以及从子到巳这六列，合计 36 个格子。横向和竖向各有六个格，不管横向还是纵向均有 142857 的天道循环。这种排列方式反映了天道的运转和天体的平衡。在纵向的每一列中，从上到下共有 6 格，每一格代表一甲，一甲为 60 年，6 甲共 360 年，象征天道中的 360 颗主体星球的运行规律。

数字 5 在天道中代表甲，是生门和无极，5 上方的地支数字是辰，是甲辰年的起点。2024 年是甲辰年，是天道年的开始，是新纪元的开端。

通过图表展示的排列，三阳开泰、六方和谐是天道的永恒循环，上帝通过这些法则引导着人类的未来发展，所有的排列都是宇宙的秩序与和谐。

综上所述，归纳如下：

1、数字文化是天道文化：数字不仅是简单的数学符号，它们还代表着宇宙的根本法则，象征着天道的运行与变化。数字文化揭示了宇宙的循环与平衡，展示了天地万物之间的关系。这种文化体现了上帝对世界秩序的安排，成为宇宙运转的基础。

2、天道文化是上帝制定的：天道文化源自上帝的智慧与设计，它代表着宇宙的法则和自然的秩序。上帝通过数字传达天道的真理，这一体系成为了天地万物的运行规则，也是生命与自然和谐共存的基础。

3、人类解释天道文化，需通过地道文化：人类要理解和解释天道文化，必须结合地道文化，即人类生活中可以理解的自然规律与人道法则。天道与地道相互交织，天干和地支、阴阳和谐，才能得出正确的答案。这种结合体现了天地人的共生关系，帮助人类以正确的方式领悟宇宙的运行与规律。

第三节 天道数字定律

上帝留给现代人类的142857是宇宙中的一种神圣定律，包含了深刻的天道文化启示：

1、乘法和加法中的规律象征着正能量的循环，是天道运行的年份标志。142857这一数字具有奇特的乘法规律，表现了宇宙的有序性。

2、通过乘法的推导，36个数字形成了一个特定的结构，每一横行由6个数字组成，相加都为27；每一竖行的数字相加结果也是27。这种对称的排列是宇宙中的平衡与秩序。

3、1个27代表一个地道年，而12个27则是十二地支，与地球运行和时间的周期息息相关。

4、数字中的2代表着混沌的状态，是阴阳对立的力量，这两种力量构成了宇宙的基础。

5、7是鸿蒙，即宇宙和地球的原始状态，

同时也是地球和地球上的人类。

6、27则是上帝为地球和地球人所指定的重要数字，是地球与人类的本质联系和命运。

第四节
数字的永恒启示：新纪元的开端

上帝在创造宇宙的过程中，将数字文化深深植入了埃及金字塔之中，作为留给人类的神圣启示。这些数字不仅仅是数学的符号，更是宇宙秩序与天道法则。通过这些数字，上帝传递了关于天地运转和人类命运的重要信息，标志着新纪元文化的起始。

科学家霍金和达尔文通过严密的推算，揭示了金字塔中的数字142857所蕴含的深刻意义。他们认为，这一数字并非偶然，而是上帝设计的后史文化，和隐藏在时间与空间中的古老智慧。142857代表了宇宙中不变的法则，它连接了过去、现在和未来，传递着永恒的真理，等待人类去探索和解读。通过这些数字，人类能够逐步揭开宇宙的奥秘，走向一个更加辉煌的新纪元。

但以理在圣经中是先知，也是仙人，他的推理一书中也揭示了甲辰年是新纪元的启始。

第五节 老子的宇宙观

混沌之态谓为一：宇宙初始为混沌。

随分阴阳谓为二：一旦分化，形成阴阳对立。

产生合气谓为三：万物在阴阳交合中生成。

人法地，地法天，天法道，道法自然：一切遵循自然法则。

万物负阴抱阳，冲气以为和：万物依靠阴阳平衡而和谐。

第六节
上帝的创造与天人合一的永恒法则

上帝,作为大宇宙的造物主,创造了一切万物,所有生命与自然现象都源自于他的无上智慧。在经历了多次试验与调整之后,最终,上帝成功地造就了纯种的地球人类,确保人类的独立繁衍与成长。同时,上帝让神仙归位,使天地的平衡与秩序得以永恒维持。

为了让人类社会得以发展和进步,上帝为人类设定了不同的肤色、地域、语言和文化特质。这些特质使得人类多样性丰富,形成了各具特色的文明。通过天道文化的指引,如海市蜃楼、八部天龙、七色祥云和天道数字等,人类得以遵循自然的法则。唯有阴阳的平衡与相互交替,才能促进文化的和谐发展。

在宇宙秩序中,阴阳的交替上升,既是推动社会前进的动力,也是人类文明发展的基础。唯有和谐,才能保障社会的稳步进步,而天人合一这一伟大法则,则是人类长存于天地间的永恒定律。

第拾柒篇

在天成像，在地成点

第一节 天道法网，周密无漏

上帝在天体中布置的图像包括太合、太极、太阴和太虚，这些概念共同构成了宇宙的结构。太阳光是永恒不灭的，太虚则由三圣运作，是宇宙中最为神秘的力量。太极和太阴则分别是地球与月亮的互动，它们之间的引力作用和能量交换，形成了整个天体的动态平衡与互联网络。

这种宇宙结构与《道德经》中所描述的"天网恢恢，疏而不漏"相呼应，意指天道无所不包，宇宙的规则和法则无处不在，虽然看似宽松，但一切都有其必然性，任何事物都无法逃脱天道的运行与控制。

第二节 宇宙净化，四象循环

地球以上5千米被称为气场，而气场以上5千米为气层。在地球和月亮之间，引力波和能量波持续相互作用，这种互动不仅维持了两者的引力平衡，还促使地球上的各种生命物质和废气在大气层中被净化处理。

这种净化过程不仅影响地球的物质循环，最重要的是对灵魂的净化，同时也帮助传输各类物种的精气与能量，保持其生命力与健康。在这个过程中，宇宙中的四象（四大基本元素或四象之力）不断巡回运行，促进了人类的健康、长寿以及和谐幸福的生活。这种循环也为地球带来了原生态的物种和本命源神，即每个生命的本源能量，维持了地球上生命的平衡与繁荣。

第三节 天网守护

上帝在地球与月亮的轨道上设置了一个称为天网的结构，这条轨道是月亮围绕地球运行的路径，其主要作用是阻止其他小行星或太空碎片对地球的袭击，从而避免对人类的伤害。这一轨道不仅保护了地球，还促进了月亮与地球的引力波和能量波之间的互动。这种互动是永恒且稳定的，持续维护着宇宙的平衡。

地球以上5千米是气场，而气场以上5千米则为气层。地球与月亮的引力和能量相互作用，是阴阳的天道轮回。地球上所有的病毒、污气，以及各种灵魂，在气场能量波的推动下与月亮的引力波进行对接。在大气层中，这些被一点点地吸收和净化。

天道的运作如同三点成一线的循环，它不仅保护着地球，还为人类提供各种有利的物质，并对原生态系统进行补充与支持。这一结构维持了自然界的循环，为人类的生存和繁荣提供了持续的保障。

第四节 三疆网络

天疆中存在黑白双眼是阴阳两极，天道的平衡与和谐。

海疆拥有引力眼与能量眼，这两个眼睛控制着海洋的潮汐与能量的流动，确保海洋生态的平衡。

地疆中有 36 个关键点，这些点与三柱峰相连，是上帝的旨意，连接着天体中的 360 颗主星，确保天地运转的有序与稳定。

天像、地点与海点均由上帝精心安排，三圣通过网络与意念进行互动，确保大宇宙中这些特定的点与像协调运行，维护整个宇宙的健康和稳定。

正如《道德经》所言，"天网恢恢，疏而不漏"，意味着上帝通过天体网络确保宇宙的秩序。

天网、地网和海网分别统称为天疆、地疆与海疆，它们构成了覆盖宇宙、地球与海洋的全面网络。

三疆网络的对接，通过天网、地网、海网的连接，确保了天体的稳定、空气的清洁、海水的净化。这一过程也包括月网与地球的连接，通过能量网和引力网，地球上的浊气与海水中的浊物都得以净化。

最重要的是灵魂网络的对接。月亮网负责收集地球上人类与精灵的灵魂，并进行再教育。那些经过教化的灵魂将以精体的形式回归人类和精灵类的生命体系中。

上帝是造物主，一切皆源于上帝的创造，世间的一切秩序与法则都由上帝制定，正如道德经中的宇宙原理：

混沌之态谓为一，宇宙起初为一片混沌。

随分阴阳谓为二，混沌分化为阴阳两极。

产生合气谓为三，阴阳交合，生成万物。

上帝作为隐性引导者，通过天网、地网、海网引导着天地的和谐与平衡，确保人类和其他生命种族的延续与发展。

第五节 阴阳和谐

万物负阴而抱阳，冲气以为和，这一自然法则表明万物在阴阳的相互作用下得以生成和发展。阴与阳的平衡是宇宙和谐的基础。人类的文化亦是如此，不能只有单极文化，必须包含阴与阳，这才能确保文化的和谐发展。

单一的细胞无法形成复杂的生命，正如大爆炸理论所示，宇宙的初始状态产生了阴阳的分化，万物便负阴而抱阳，在阴阳的冲合下形成了生机与和谐。

三阳开泰是一切事物的吉祥启始，亦是本命元神是宇宙中的生机与生发。

数字142857是上帝给予人类的启示，人类是上帝的子民，也是三圣的传人。上帝作为造物主，是天地间唯一的存在。正如天地万物，普天之下，只有一个上帝，上帝不允许自己创造的人类自我毁灭。

甲辰年代表着一个新的起点，标志着新纪元的开始，也是接下来的三百六十年新文化与文明发展的开端，在上帝的指引下继续前行。

有诗为证：

甲辰启始新纪元
文化复兴和谐篇
健康长寿达标日
返朴归真天道年
徐徐春风化雨来
衍成万千栋梁材
芬芳桃李满天下
运载世纪新生代

第拾捌篇

上帝在地球设下三十六处网点

第一节 天网乾坤

　　上帝在天体中布置了360颗主星,这些星星相互形成犄角,交织成一个密集的网络。这个网络不仅起到了维持天体平衡的作用,还通过太合磁悬浮和万有引力,结合暗物质和暗能量,实现了宇宙中的乾坤定位法。这种布局确保了天体能够永远围绕太阳进行稳定的旋转,形成了一个巨大的天网。这一天网不仅维持了宇宙的秩序,还保障了天地的平稳运行,确保了宇宙中的能量平衡与长久的和谐。

第二节 天地互联

　　地球与月亮作为天体中的两大重要主星，直接与太阳进行互动，是宇宙十大主星中至关重要的存在。地球是月亮的主星，而月亮则作为地球的卫星。起初，月亮与地球通过一座名为不周山的山脉相连，地球走到哪里，月亮便紧随其后。

　　后来，祝融氏与共工氏展开大战，最终共工氏战败，怒撞不周山，导致山体崩塌。上帝不忍此景，将不周山分为三十六处，布置于地球各地，设为网点。每个网点有三根柱石，并赋予其封号。这36个点与天体中的360颗主星直接互动，形成了一个持续永固的网络，负责与天体进行沟通与互动。

　　月亮通过这个网络与地球保持直接对接，帮助地球完成上帝交付的任务。上帝还为月亮围绕地球划定了一条天网，使月亮永远按照这条网络轨道行进。天网、月网和地球上的36个网点共同形成一个互动系统，确保天体和地球的和谐运转，这正是天上成像，地上成点的奥秘所在。

第三节 三疆石与三女峰

当上帝封山时，特将首山定为天下第一山，并将其中的三柱峰和网点封为三疆石，这是 36 网点中的第一个点。三疆分别代表天疆、地疆、海疆，象征着宇宙中的三大领域。由于首山是地球与月亮互动的第一个点，因此上帝特别重视，将其封为首山，又名月亮山。

为了守护首山，上帝安排了四大护法神灵在此驻守，此外还赐予了四匹金马。在人类先知的带领下，首山中部修建了观音阁，右边由白虎镇守，并建有清风寺。在山顶设有与天地互动的三角洞，作为连接天疆与海疆的重要通道。玄武与青龙则随时负责与天海互动，维持宇宙秩序。

首山由于其特殊的地理位置，山前山后、左右的水纹、地理、山川、河流、气候、物产等方面都有显著差异。作为兵家必争之地，自古以来，首山便是重兵屯驻之处。据史书记载，薛礼征东时，曾在山上设下棋盘与棋谱。

在中华人民共和国建国初期，毛泽东特批在首山建立军垦农场和陆军第一医院。国共两党争夺首山之战持续了108天，最终国军将首山交给了共军。这一历史事件象征着108将星的移交。无论是国军还是共军，都在这一带村庄中秋毫无犯，因此毛泽东决定在此建立总兵府、军垦农场和陆军医院，以纪念这一历史意义深远的地方。

有诗为证：

首山也叫月亮山，
月亮湾在白云边，
王母娘娘招招手，
八方神圣赴家宴。

长白利属首山脉，
众神常聚昆仑山，
努尔哈赤设龙庭，
崇祯调走袁崇焕。

三角洞通水晶宫，
四匹金马驻山中，
王尔烈拜观音阁，
力保清廷三百终。

三疆石为首山志，
净化万物保安康，
观音常探三玄女，
同归源神驻九疆。

玄武大帝称雄才，
亲手掀开小月怀，
身怀六甲观音阁，
诞生吾辈建楼台。

成吉思汉应犹在，
子牛泽东栋梁材，
创建兵垦第一场，
还兼陆军第一院。

乾坤造就三疆石，
天疆海疆保平安，
只有地疆吾辈保，

薛礼棋谱价值观。

神仙往来净化点，
物理八方设卷帘，
凡尘自有天道处，
开辟甲辰新纪元。

第四节 蓝山圣境

蓝山坐落于澳大利亚，被称为南天门第一山，是最接近天堂的地方之一。上帝为表彰三玄女造人的伟大功绩，特意将大洋洲封为香格里拉，象征着世外桃源的纯净与美好，并将蓝山封为天下最后的伊甸园，赐予三玄女作为他们的圣地。

在蓝山，上帝设立了三女峰，这片神圣的土地拥有蓝蓝的水、蓝蓝的天、蓝蓝的空气蓝蓝的川。三玄女经常在此与神仙们聚会，期间常常现出七色祥云和海市蜃楼的奇观。大洋洲因其独特的地理环境，被认为是最接近天堂的地方，物产丰饶，得天独厚。三玄女也一直关怀着这个神圣的伊甸园，守护着它的繁荣与美好。

这片乐土，矿产丰富，牛羊满草原，土地肥沃，花果满山川，民族融合，社会大发展。安居乐业，空气香满天，天空蔚蓝无际，仿佛仙境一般。

有诗为证：

九天玄女敞胸怀，
诞生人类传帮带，
万朵莲花托浮旨，
南天门外设楼台。

蓝山本是圣母川，
首选天下伊甸园，
观音常来探玄女，
天界仙桃王母献。

南太山川世贸山，
肥沃土地蓝蓝天，
上帝倾心三玄女，
曾于此处建家园。

上接天堂通宇宙，
下守深海与山川，
潮起潮落净化点，
神仙思俗不返天。

天地万物宇宙间，
各领风骚三百年，
澳洲本是神仙地，
风调雨顺小月川。

清风化雨凡尘境，
香格里拉神女峰，
三十六组龙门阵，
经天纬地和谐经。

南太最敬三玄女，
诞生人类首立功，
上帝宣旨蓝山处，
互动月老协太平。

观音玄武栋梁材，
青龙白虎站两边，
能源气场乾坤界，
共筑和谐新纪元。

第五节 四象天网

上帝在天体中布置了四象,分别是太合、太极、太阴和太虚。其中,太阳光是永恒的,而太虚由三圣运作,掌控着宇宙的奥秘。太极和太阴是地球与月亮之间的互动,通过引力波和能量波的交替运作,形成了一个遍布整个天体的互联网络。这正是《道德经》所描述的"天网恢恢,疏而不漏",宇宙中的一切井然有序。

在地球以上5千米以上是气场和5千米以上的气层之间,月亮的引力波与能量波不断与地球互动。这种互动不仅有助于净化地球上散发的各种废气,还起到了更为重要的作用:净化灵魂,并输送各物种的本命精气。这一过程确保了地球上生命的持续健康与平衡。

四象的持续巡回运作,带来了健康、长寿与和谐美满的生活。通过这种宇宙的循环,地球上的源生态物种得以繁衍,并保有其本命源神。

2024年，作为甲辰年，标志着一个新的天道年的开始，同时也是霍金与达尔文的研究所推测的新纪元。在人类迈入新纪元的这一年，八方神圣与天之骄子将共同引领世界，携手推动和谐发展。我们将遵循天道，建设健康长寿的未来。正如诗中所言："自信人生三百年,会当水击八万里"，共同迈向繁荣与长久的未来。

　　有诗为证：

　　九五之尊宇宙魂，
　　阴阳大法乾坤根。
　　命门生出万物种，
　　上帝造就天地人。

　　环宇本来无一物，
　　奈何真菌惹凡尘，
　　上帝撒下无间网，
　　人类共筑和谐魂。

第六节 神仙文化与天道传承

　　神仙文化的时期延续了三百六十万年，其核心以九五之尊为代表的三皇为首，这三皇象征着精气神三圣的化身，是宇宙中质、量、光的圣体。他们掌控着宇宙间的秩序与和谐。而五帝则象征着五行的星神，分别转化为木、火、土、金、水之力，体现了天人合一的五行法则。在这一时期，天王星主宰着天宫的所有事务，海王星则负责大洋的管理与运行，确保天地间的平衡。

　　同时，360颗主星也纷纷下凡，与九五之尊一同参与构建了和谐的天人合一文化。从河图洛书、天干地支，到九宫八卦与阴阳太极，这些知识与智慧都是上帝指引下，由九五之尊和360颗主星为全人类留下的珍贵遗产。这些智慧不仅展现了宇宙的秩序与法则，还成为了人类文明的根基，成为了世代相传的瑰宝。

　　在这三百六十万年的文化积淀中，到了三万六千年之际，地球上出现了纯种的人类。从最初的部落逐渐演变为族群，再从酋长统治发展到各大家派的形成，最终发展为各个国家的建立，形成了家国情怀的文化体系。从建立国家开始，各个家族和派系逐渐分治，创建了多元的世界文化。每一个民族都有其独特的文化，而华夏文化则在东周列国时期兴盛起来。

　　世界上所有的文化，都可以追溯到天道文化的起源。那么，什么是天道文化？天道文化象征着母爱，母即是生命的生成，爱则是生命的延续。母爱是天道文化的核心，也是人类社会发展和繁荣的终极光环，推动了文明的延续与多样化的成长。这种文化力量，不仅承载了上帝与三圣的智慧，也成为了全人类的精神支柱。

结 束 语

　　宇宙浩渺，星辰璀璨，万象熠熠生辉；芸芸众生，如斯多元，命运交织成画卷。今岁甲辰，乃三百六十载新纪元之序曲，天道、地道、人道汇聚交融，天人合一，返璞归真。万物复苏，新纪元的曙光洒遍大地，浸润心灵深处。

　　此年，造物主再启天地之章，人类重返本源，追溯最初的纯净。天地恢宏，四季轮回，人类仰观天道，俯察地理，于天地中行走，于岁月中沉思，归于自然与真我。和谐、健康、长寿如星光般洒满人间，人类正迈向一个充满母爱与生机的未来。

　　返璞归真，不止是对宇宙的呼应，更是对生命的深情回眸。全人类的帝王、圣者、天之骄子，观天之道，执天之行，于甲辰之年共同见证了东西方文明的交融，携手共建康养圣地，共同迈向增寿之途，恰如旭日东升，照耀四方。

　　何谓天道？天道即母爱也。母者，生命之源，温柔无边；爱者，万物延续，贯穿宇宙生生不息。母爱，宛如亘古不变的光环，笼罩大地，滋养万物，庇护人类。顺应天道者，如在母爱的怀抱中静听星辰的低语，与天地同寿，与万物共长。

诗曰：
自信人生三百年，
会当水击八万里。

愿众生休戚与共，风雨同舟，携手并肩，和谐共处。天命在上，母爱为帆，愿我们在这返璞归真的甲辰新纪元里，走向一个更加美好、更加辉煌的未来。

笔者：文峰衍圣
澳大利亚文特沃斯高等教育集团
澳大利亚乔治教育集团
澳大利亚铂特里克教育集团
悉尼老子学院

2024年9月于澳大利亚悉尼

后 记

翻开《侃氏定理II》，我们仿佛置身于星空下，逐渐步入一个充满智慧与神秘的世界。这不仅是一部科学的著作，更是洞察天道与人道的窗口。透过它，我们窥见宇宙的真理，也领悟了生命的奥义。

天地之间，阴阳交替，四时轮转，正如书中揭示的那样，万物负阴而抱阳，冲气以为和。上帝的智慧流淌在宇宙每一处，三圣的传承深植于人类心灵。书中探讨了天体的运行、暗物质的生成与尘菌的奥秘，这一切仿佛交织成一张天罗地网，展现了宇宙恒定运转的伟大法则。我们体悟到，上帝通过太合、太极、太阴、太虚构建了天道，使万物和谐共生，生生不息。

回顾历史，人类不断探索天道，科学与哲思在这本书中交相辉映。甲辰年，作为天道年，象征着新纪元的开启，不仅是时光的流转，更标志着人类迈向未来。《侃氏定理II》承继前篇智慧，引领我们穿越时空，走进天人合一的深邃境界。

阅读此书，宛如踏上了一段奇妙的旅

程。每一篇、每一节如同广袤天地中的一缕晨光，指引我们找到与天道合拍的道路。它既深邃又灵动，如四季流转，润物无声，让人心旷神怡，豁然开朗。四象的巡回运作，不仅为天体带来稳定，也为人类提供健康与长寿的秘诀。

《侃氏定理II》探讨的不仅是宇宙的科学真理，更是人类与宇宙共生的智慧。它让我们明白，世间万物皆有其道，唯有顺应自然法则，与天地和谐共处，才能获得永恒的幸福与安宁。

书卷虽已合上，但心中的星辰仍在闪烁。《侃氏定理II》为我们打开了通向宇宙奥秘的窗，愿我们怀揣这份智慧，继续前行，探索无尽星空，追寻生命与宇宙的终极真理。正如古人所言："会当凌绝顶，一览众山小。"愿读者在此书指引下，心胸开阔，攀登智慧高峰，领悟宇宙至理，迎接更加光辉灿烂的未来。

天道恒久，智慧永存。

德福出版社

www.ingramcontent.com/pod-product-compliance
Lightning Source LLC
Chambersburg PA
CBHW040159100526
44590CB00001B/2